"Por fin, un libro que trata sobre la sexualidad de una manera delicada, discreta y bíblica. Kristen y Bethany son agradablemente sinceras y atrevidamente bíblicas al enseñarnos por qué Dios nos creó con deseos sexuales y qué hacer al respecto. Este libro ofrece esperanza a cada joven que alguna vez se haya preguntado si ella es la única que lucha con los deseos sexuales, la libertad de la esclavitud a sus deseos y la verdad sobre el maravilloso diseño de Dios para la sexualidad. Lo mejor de todo es que en estas páginas hay muchísimos pasajes de las Escrituras y verdades prácticas para guiar a las jóvenes hacia una vida de verdadera libertad sexual: la libertad que trae vivir según el diseño de Dios".

Allison Bontrager, bloguera en *From Allison*

"Una pregunta: ¿dónde estuvo este libro toda mi vida? Kristen y Bethany lo han vuelto a lograr. Con tierno amor, pero firme convicción, nos muestran la verdad. Hazte un favor y disfruta de este libro. Deja que penetre hasta tus fibras más íntimas y luego pásalo a otras. Nunca habrás llegado tan lejos como para que Dios no pueda redimir todas y cada una de las áreas de tu vida. Este libro (junto con la Palabra de Dios) es un gran punto de partida hacia la sanidad y la redención".

Crystal Navarro, un simple reflejo defectuoso de un Jesús perfecto y seguidora de GirlDefined

Libros de Kristen Clark y Bethany Beal publicados por Portavoz:

El amor definido por Dios

La sexualidad definida por Dios

Una chica definida por Dios

"¡Me encantan estas escritoras! Kristen y Bethany abordan algunos de los temas más apremiantes de nuestros días: sexo, pureza, identidad, matrimonio y mucho más. Toda mujer necesita conocer el mensaje de *La sexualidad definida por Dios*".

Dannah Gresh, autora de *Y la novia vistió de blanco*

"Entender tu sexualidad puede ser un gran reto para ti como joven cristiana. ¡Kristen y Bethany son amigas sensibles que te animarán en este proceso! En *La sexualidad definida por Dios*, te ofrecen esperanza, consejos prácticos y sabiduría divina".

Dra. Juli Slattery, cofundadora de Authentic Intimacy, autora de *Rethinking Sexuality*

"En un mundo plagado de confusión sexual, quebranto y dolor, me alegro de que voces como las de Kristen y Bethany ayuden a las jóvenes a encontrar su camino —el camino de Dios— y les muestren el amor redentor y la gracia de Cristo".

Nancy DeMoss Wolgemuth, autora, maestra y presentadora de Aviva Nuestros Corazones

"Las luchas y tentaciones sexuales de las jóvenes cristianas "decentes" a menudo se mantienen en la oscuridad. Kristen y Bethany hablan abiertamente de sus experiencias personales con sinceridad y frescura. Este libro está repleto de consejos sólidos y prácticos, y es un excelente recurso para todas las mujeres que anhelan adoptar una visión divina más elevada y hermosa de la sexualidad".

Mary A. Kassian, autora de *Chicas sabias en un mundo salvaje*

"Nuestra cultura ha distorsionado por completo la sexualidad, pero este libro destaca el diseño original de Dios. Con transparencia y gracia, Kristen y Bethany hablan abiertamente de sus propias experiencias con la pureza sexual, exponen con audacia mentiras y alientan a las jóvenes al afirmar que *hay* un camino mejor. Sin evitar temas escabrosos, abordan preguntas difíciles con la verdad bíblica mientras hacen una bella descripción del buen diseño de Dios para el sexo y nos retan a buscar al Único que puede satisfacer los anhelos de nuestro corazón. Cuando termines de leer este libro, te sentirás desafiada, inspirada y preparada para caminar en pureza, incluso en una cultura donde hay de todo menos pureza".

Sara Barratt, autora, conferencista y editora principal de TheRebelution.com

"Este es el libro que mi generación necesita. En una cultura que transmite constantemente mensajes distorsionados y conflictivos sobre el sexo, necesitamos la verdad bíblica para contrarrestar las mentiras que escuchamos. Bethany y Kristen nos ayudan con gracia, humildad y sabiduría a sortear estas complejas dificultades mientras nos enseñan la Palabra de Dios. ¡Cada joven del siglo veintiuno necesita leer este libro!

Jaquelle Crowe, autora de *Esto lo cambia todo*

"¡Excepcional! Kristen y Bethany abordan un tema difícil con gracia absoluta, transparencia auténtica y claridad bíblica. Todas las jóvenes necesitan leer este libro".

Sean y Jenny Perron, consejeros, escritores y director de operaciones en Association of Certified Biblical Counselors (Sean)

"En alguna parte entre los mensajes directos de nuestra cultura sobre el sexo y el incómodo silencio de la iglesia, hay *La sexualidad definida por Dios*. Como alguien que anhela ver a esta generación de mujeres jóvenes caminar en libertad, no me alcanzan las palabras para recomendar este libro. Bethany y Kristen nos recuerdan que la sexualidad está rota, pero la integridad es posible cuando buscamos respuestas en el manual por excelencia para las relaciones: la Palabra de Dios".

Erin Davis; autora, bloguera, maestra bíblica y miembro del club de fans de GirlDefined

"Kristen y Bethany usan sus propias experiencias para mostrar que la sexualidad que se practica como el mundo propone no es libertad, sino esclavitud. Presentan a las lectoras el difícil reto de enfrentar nuestro quebranto, pero Kristen y Bethany escriben con gracia y verdad, y con el énfasis en Aquel que nos libera. Nos ofrecen una poderosa ayuda de la Palabra de Dios, el Espíritu de Cristo y el poder redentor de la cruz para liberarnos del pecado y la vergüenza sexual habituales y vivir nuestra sexualidad con una pureza que nos da vida y satisface nuestra alma".

Candice Watters, esposa, mamá y escritora

"Transformador. Esperanzador. Oportuno. Liberador. Después de leer este libro, personalmente encontré libertad sexual en áreas con las que ni siquiera sabía que luchaba. Recomiendo este libro a cualquier hija, esposa, hermana, madre o amiga, ¡sin importar su edad!".

Alyssa Stephens, hija, hermana mayor y fan de GirlDefined desde hace mucho tiempo

La sexualidad definida por Dios

EL DISEÑO RADICAL DE DIOS PARA EL SEXO, LA PUREZA Y LOS ANHELOS DEL CORAZÓN

KRISTEN CLARK &
BETHANY BEAL

EDITORIAL PORTAVOZ

La misión de *Editorial Portavoz* consiste en proporcionar productos de calidad —con integridad y excelencia—, desde una perspectiva bíblica y confiable, que animen a las personas a conocer y servir a Jesucristo.

Traducción: Rosa Pugliese

Las cursivas en los versículos bíblicos son énfasis de las autoras.

EDITORIAL PORTAVOZ
2450 Oak Industrial Drive NE
Grand Rapids, Michigan 49505 USA
Visítenos en: www.portavoz.com

ISBN 978-0-8254-5936-8 (rústica)
ISBN 978-0-8254-6845-2 (Kindle)
ISBN 978-0-8254-7679-2 (epub)

1 2 3 4 5 edición / año 30 29 28 27 26 25 24 23 22 21

Impreso en los Estados Unidos de América

Printed in the United States of America

A la hermandad de GirlDefined en todo el mundo:
Gracias por animarnos a escribir *este* libro.
Oramos para que transforme sus vidas para la gloria de Dios.

CONTENIDO

Parte 1

Una sexualidad rota

1. TODAS SOMOS MUJERES SEXUALMENTE ROTAS

Esa revista era diferente a todas las que yo (Bethany) había visto antes en mis cortos ocho años de vida. Contemplé sus páginas mientras el viento las volteaba. La cubierta una vez brillante estaba sucia y desgastada, como si demasiados autos la hubieran atropellado. Pero las imágenes... *¿qué era eso?* Al levantar la vista, vi a Kristen, de diez años, que caminaba en la acera hacia mí.

—Oye, ven aquí —le dije en un susurro—. Encontré algo muy curioso.

Kristen empezó a correr hacia mí.

—¿Qué es? —preguntó.

—No sé —respondí.

Cuando Kristen llegó a donde yo estaba, miró la revista que estaba a mis pies. Como toda una hermana mayor, la recogió sin dudarlo. Después de mirar la portada por varios segundos, hojeó las páginas arrugadas. Con una mirada nerviosa, dijo en voz baja: "Vamos, vamos adentro". Enrolló la revista en sus manos, y entramos silenciosamente a la casa. Una vez que estuvimos en una de las habitaciones con la puerta cerrada, Kristen dejó caer la revista al suelo. Ambas nos quedamos allí en silencio durante varios minutos. No estábamos seguras de qué hacer. Después de armarnos de un poco de valor, comenzamos a hojear las páginas.

—No entiendo lo que está sucediendo aquí —dije a Kristen, mientras me detenía en una de las imágenes de página entera.

—Tampoco estoy segura —dijo.

Kristen y yo, niñas inocentes, estábamos expuestas a imágenes pornográficas por primera vez en nuestras vidas.

Nuestros pequeños corazones latían más rápido. Aunque no entendíamos las imágenes que estábamos viendo, sabíamos que algo no estaba bien.

Después de varios minutos, de repente Kristen cerró la revista y dijo:

—Tenemos que deshacernos de esto.

—Sí, yo también lo creo —dije mientras me levantaba. Con las palmas de las manos sudorosas, espiamos el pasillo, salimos rápidamente y nos fuimos corriendo por la acera. El aire fresco y el brillo del sol nos sentaban bien.

—¡Aquí! —dijo Kristen al detenerse de repente. Estábamos a cuatro casas de la nuestra. Paradas cerca del enorme buzón de ladrillo de nuestra vecina, Kristen comenzó a cavar en el suelo con sus manos.

—¡Ayúdame! —dijo ella con un susurro de pánico.

—¿Qué estamos haciendo? ¿Por qué estás cavando? ¡Ah! ¡La vas a enterrar!

Me tiré al suelo para ayudarla a cavar en la tierra rocosa tan rápido como pude. No quería volver a ver esas extrañas imágenes. Una vez que el hoyo fue lo suficientemente grande, doblamos la revista en cuatro y la colocamos dentro. En un trabajo de equipo, cubrimos el hoyo con tierra. Con nuestras manos ligeramente sangrantes y nuestras uñas llenas de tierra, nos pusimos de pie.

Miramos nuestro pequeño montículo de tierra, que se parecía a una tumba en miniatura.

Nos sentimos libres. Esa extraña revista nos había hecho sentir raras. Nos limpiamos las manos sucias en nuestras camisetas floreadas y nos dirigimos de regreso a casa. Durante la próxima década nuestro secreto permanecería tan enterrado como esa revista.

Las novelas románticas y los deseos sexuales

Mi exposición involuntaria (de Bethany) a un contenido pornográfico ese día no desencadenó en mí una adicción repentina que alterara mi vida, pero sí desencadenó otra cosa. Preguntas. Confusión. Curiosidad. Sin ni siquiera darme cuenta de lo que estaba sucediendo, mi perspectiva sobre la sexualidad estaba siendo influenciada sutilmente como nunca antes lo había estado.

A medida que crecía, fui tomando consciencia de las imágenes y los mensajes que veía a mi alrededor. Veía el título en negritas "Disfruta del sexo como nunca antes" en la parte superior de una revista en la tienda de comestibles. Me llamaba la atención el anuncio "¡Bailarinas sexis todas las noches!" en el letrero de una discoteca. Observaba "La pasión y el amor" en letras rojas en la parte superior de una novela romántica erótica.

Veía. Observaba. Mi pequeña mente estaba curiosa.

Cuando llegué a la adolescencia, noté que algo estaba cambiando. Mis *deseos*. Sin previo aviso, comencé a experimentar deseos y apetitos sexuales. Mi imaginación fantaseaba con cosas que antes eran extrañas para mí. Me atraían los varones de una manera nueva y emocionante.

Un verano, durante mi adolescencia, comencé a trabajar en una librería cristiana. No pasó mucho tiempo antes que descubriera la sección de novelas románticas. Sí, me cautivaron de inmediato. A pesar de que solo se trataban de novelas románticas "cristianas", aun así, me hacían fantasear con el romance y las experiencias sexuales. Esas novelas apelaban a algo profundo dentro de mí. Apetitos. Curiosidad. A menudo me preguntaba: *¿Lo que siento es bueno o malo? ¿Soy normal o rara?* No estaba segura de qué hacer con mis deseos que recién despertaban, así que me los guardé para mí.

A menudo me preguntaba: ¿Lo que siento es bueno o malo?

Cerca del final del verano, me llamó la atención otro libro

de la librería: un libro cristiano sobre el tema de la pureza. Por primera vez tenía una visión más amplia de Dios sobre mi corazón y mis deseos sexuales íntimos. Aunque el libro me ayudó a entender un poco más sobre el diseño de Dios para mi sexualidad, no hizo que mis apetitos desaparecieran. Todavía luchaba con pensamientos sensuales. Me debatía entre la lujuria y la pureza, pero quería hacer lo correcto. Quería honrar a Dios, pero todavía no estaba segura de cómo hacerlo.

Se me caía la baba por un muchacho sexy

Mis experiencias (de Kristen) al crecer fueron similares a las de Bethany, pero tuve algunos vericuetos peculiares. Mi exposición a esa revista dejó imágenes grabadas en mi mente. No podía sacarlas de mi cabeza. Brillaban ante mis ojos en los momentos que menos lo esperaba. Me sentía demasiado avergonzada para preguntar a mis padres sobre lo que había visto, pero estaba desesperada por saber más. Tenía preguntas. Muchas inquietudes. Yo era la niña que siempre preguntaba el *porqué* de todo. Bueno, de todo menos de sexo. Ese tema parecía aterrador por alguna razón, pero aún quería respuestas. Mi pequeña mente estaba pensando en cosas mayores: cosas que nunca había hablado con nadie.

Pronto descubrí mi propia gama de deseos y apetitos sexuales. Incluso antes de llegar a la pubertad, descubrí la masturbación. Como una niña de once años, no tenía ni idea de lo que estaba haciendo, pero me parecía bueno. Me parecía natural (veremos más sobre esto en los próximos capítulos).

Además, pensamientos sexuales comenzaron a bombardear mi pequeña imaginación.

Durante mi adolescencia, mis pensamientos pasaron de situaciones imaginarias a escenas con muchachos reales. Recuerdo haber conocido a este joven y pensar que era el muchacho más sexy del planeta. Sus miradas en mi dirección me comunicaban que él sentía lo mismo por mí. Terminamos conversando por unos minutos. Sentía un calor especial en mi interior. Después de despedirme, hice lo que haría cualquier jovencita que trata de hacerse la interesante: empecé a seguirlo de cerca en las redes sociales. Mientras revisaba sus álbumes pasados (tenía que investigar los archivos), ¡descubrí que este muchacho era aún más sexy en línea! No lo hubiera llamado lujuria en ese entonces, pero eso era exactamente lo que estaba sucediendo en mi corazón. ¡Se me caía la baba sobre sus fotos sin camisa! Mis ojos se posaban sobre sus músculos cincelados. Mi mente divagaba por lugares sexuales. En la privacidad de mi habitación y mi corazón, cedía a mi lujuria. Me sentía mal, pero no estaba segura de qué hacer. En el fondo, sabía que mis pensamientos no honraban a Dios; pero, dado que no los estaba llevando a la práctica físicamente, descarté que fuera un problema grave.

En la privacidad de mi habitación y mi corazón, cedía a mi lujuria.

Me convencí de que ser pura tenía más que ver con mi aspecto exterior, que con lo que sentía en mi interior.

Jóvenes cristianas estrellas

A pesar de que ambas crecimos en un excelente hogar cristiano, luchábamos con el pecado sexual y la tentación como cualquier otra persona. Nuestros deseos secretos a menudo eran perversos y egocéntricos. Nuestros pensamientos a veces estaban llenos de lujuria. Como asistentes regulares a la iglesia y la escuela dominical, escuchábamos numerosas predicaciones sobre la pureza. Leíamos muchos libros sobre el diseño de Dios para el amor y la pureza. Estudiábamos la Biblia y veíamos que Dios nos llamaba a "¡[Huir] de la inmoralidad sexual!" (1 Corintios 6:18, NVI), pero nos costaba. No comprendíamos la visión más amplia de Dios para nuestra sexualidad.

Cuando entramos en nuestros últimos años de la adolescencia, ambas adoptamos la idea de reservar el sexo para el matrimonio, pero no entendíamos muy bien *por qué* era importante hacerlo. Nos habíamos embarcado en buscar la pureza, pero pensábamos que se trataba más de evitar las consecuencias que de esforzarse por honrar a Dios. Sinceramente, queríamos ser cristianas devotas, pero nuestro foco estaba más en las buenas obras que en confiar humildemente en la gracia y la fortaleza de Dios para cambiar.

Aunque luchábamos con la tentación y la lujuria, nos considerábamos buenas jóvenes cristianas. Dado que nunca habíamos cometido ninguno de los "graves pecados aberrantes de la Iglesia", pensábamos que éramos muchachas con una moral bastante buena. No lo decíamos en voz alta, pero nos considerábamos jóvenes cristianas estrellas.

Todas somos mujeres sexualmente rotas

Por más "buenas" que las dos pensábamos que éramos en cierto momento, Dios no nos dejó en ese estado de orgullo. Como el Padre misericordioso que es, nos ayudó a darnos cuenta de nuestra perspectiva equivocada. Sin embargo, no tomamos consciencia de eso de la noche a la mañana. Fue un proceso. Y todavía lo sigue siendo. Durante los años siguientes, Dios nos ayudó amablemente a ver nuestras propias manchas. No éramos tan brillantes como pensábamos. No éramos tan buenas como pensábamos. El pecado sexual de nuestro corazón era tan malo como cualquier pecado sexual externo. Comenzamos a ver que, a los ojos de Dios, incluso la más pequeña distorsión de la justicia sigue siendo una distorsión. No apunta a la verdadera santidad. Nuestro problema no era un pecado aislado que aparecía en un momento dado, sino una *condición* pecaminosa que impregnaba todo nuestro ser. Nacimos con una naturaleza pecaminosa permanente que infectó cada área de nuestras vidas y, finalmente, nos separó del Dios santo y justo (ver Romanos 7:18; Juan 14:6).

Ahora que somos mujeres de treinta años, tenemos una perspectiva completamente distinta. Nuestros ojos se han abierto a la realidad y la magnitud de nuestro pecado, y hemos descubierto algo profundo. Nunca fuimos realmente *buenas*. Ni remotamente. Nuestros corazones nunca estuvieron sanos, sino rotos. Nuestros deseos nunca fueron puros, porque siempre estuvieron distorsionados por nuestra condición pecaminosa.

> Nuestros corazones nunca estuvieron sanos, sino rotos.

Ahora nos hemos dado cuenta, más que nunca, de que necesitamos desesperadamente a Jesús. Necesitamos el perdón de Dios en nuestras vidas tanto como "el mundo" lo necesita. Necesitamos que su justicia cubra nuestro pecado. Gracias a Dios, Jesús murió en la cruz y resucitó para vencer el poder del pecado y ofrecernos una manera de tener relación con Dios. Él recibió el castigo que nosotras merecíamos para satisfacer la justa ira de Dios (Romanos 5:9; 1 Juan 4:12). Dios aceptó el pago de Jesús por nuestros pecados, y nos perdonó (más sobre esto en el capítulo 5). Cuando Jesús cambia nuestro corazón, transforma nuestros deseos impuros en deseos puros. En lugar de pavonearnos en nuestra propia justicia, ahora estamos aprendiendo a caminar con humilde confianza en Él. Necesitamos su gracia y fortaleza todos los días.

Nuestra amiga, la Dra. Juli Slattery, que es una respetada experta en temas relacionados con la sexualidad bíblica, declaró que "todos somos personas sexualmente rotas".[1] A medida que hemos crecido en nuestra comprensión del diseño de Dios para nuestra sexualidad, nos hemos dado cuenta de que ella tiene razón. Las personas no son sexualmente "sanas" o sexualmente "rotas". La realidad es que *todas* somos mujeres sexualmente rotas. Cada una de nosotras. Y cuando hemos hablado con otras personas cristianas (nuevas y de varios años), nos han dicho lo mismo sobre ellas.

---

1. Dra. Juli Slattery, *Rethinking Sexuality: God's Design and Why It Matters* (Colorado Springs: Multnomah, 2018), p. 77.

Todas hemos experimentado alguna forma de lucha o distorsión sexual debido al pecado. Ninguna de nosotras somos mujeres completamente sanas. Ninguna de nosotras somos totalmente puras. Ninguna de nosotras vivimos el diseño perfecto de Dios para nuestra sexualidad como Él lo creó en sus orígenes. Independientemente de nuestro trasfondo, educación, raza o edad, estar sexualmente rota es algo que todas enfrentamos. Claro, será diferente para cada una de nosotras, pero es algo con lo que todas tenemos que lidiar. Ya sea que luchemos con un pecado secreto, lujuria ocasional, promiscuidad sexual, deseos homosexuales, adicción a la pornografía, masturbación u otra cosa, algo está claro: nosotras, como mujeres, estamos sexualmente rotas.

En los últimos años hemos recibido miles de correos electrónicos de mujeres como tú que nos han contado sus historias de quebranto sexual. Al prepararnos para escribir este libro, realizamos una encuesta a través de GirlDefined.com, en la cual hicimos preguntas específicas sobre sus luchas sexuales a 450 mujeres cristianas. Esto es lo que algunas de ellas nos dijeron (hemos omitido sus nombres para proteger su privacidad):

> "He luchado con la pornografía desde hace un tiempo y no sé qué hacer. Estoy avergonzada y asustada de revelar mi secreto. Necesito ayuda, pero no puedo recibirla porque me da vergüenza hablarlo con otros".

> "Fui víctima de varias situaciones de abuso sexual cuando era niña. Como resultado, he tenido muchos problemas y he pasado la mayor parte de mi vida adulta luchando contra la adicción y la depresión".

> "Lucho con la atracción homosexual hacia las mujeres. Este ha sido un problema en mi vida desde que tengo memoria. Si es tan malo, ¿por qué Dios no me quita estos deseos?".

> "Mi mente es una zona de guerra. La lujuria está invadiendo casi constantemente mis pensamientos".

Estas son mujeres cristianas reales que luchan. Sufren. Cada una de ellas está sexualmente rota de alguna manera. Ya sea que ellas cometan un pecado o lo cometan contra ellas, cada mujer sufre.

Si tuvieras que agregar tus propias luchas al final de esa lista, ¿qué dirías? Al pensar en tu pasado y tu presente, ¿cómo se ha visto tu propia sexualidad afectada por el pecado? A veces es fácil para nosotras pensar que somos las únicas que luchan, pero no lo somos. Cada una de nosotras lleva sus propias cargas. Cada una de nosotras lucha con su propio quebranto sexual. Cada una de nosotras tiene una necesidad desesperada de *restauración* sexual.

El camino que te ha traído hasta aquí

Desde el momento en que naciste hasta ahora, has recorrido un camino. Con el paso de días, semanas, meses y años de tu vida, has aprendido cosas. Has experimentado cosas. Has estado expuesta a cosas. Has elegido cosas. Y ya sea de manera consciente o inconsciente, has formado tu cosmovisión de la sexualidad como resultado de estas cosas.

Además de tus experiencias personales, también has sido formada por la sociedad que te rodea. Y, tristemente, dado que la voz más fuerte que define la sexualidad es la cultura de una sociedad, es probable que tu perspectiva sobre el sexo haya sido influenciada por ella.

En su libro *Rethinking Sexuality*, la Dra. Slattery escribe: "Un día caí en la cuenta. Hemos sido discipulados sexualmente por el mundo. Lo que quiero decir es que nos han enseñado a ver la sexualidad a través del discurso del mundo. Me parece que la mayoría de los cristianos están más familiarizados con la forma de ver la sexualidad a través de una lente cultural, que con una perspectiva bíblica".[2]

El mundo tiene un fuerte discurso sobre nuestra sexualidad. Y una voz fuerte también. Desde películas populares hasta

2. Slattery, *Rethinking Sexuality*, p. 20.

música, libros, letreros publicitarios, revistas e Internet, se está llevando a cabo un discipulado sexual por todos los medios. Y los mensajes de la cultura pop son audaces: Sé libre. Ten sexo. Haz lo que tu cuerpo te pida. Escucha a tu corazón. Haz lo que tengas ganas. Hazlo ya.

Mientras piensas en tu camino personal, ¿qué relación puedes encontrar entre la influencia de la cultura pop y tu comprensión de la sexualidad, ya sea negativa o positiva? ¿Qué ha formado tus creencias sobre el sexo? ¿Qué ha influido más en tu vida?

El mundo tiene un fuerte discurso sobre nuestra sexualidad.

Gran parte de la confusión que rodea nuestra sexualidad es el resultado de dejarnos discipular por el mundo. La única forma de redimir nuestra sexualidad es volver a Aquel que nos creó. En lugar de seguir escuchando al mundo y a nuestros corazones pecaminosos, debemos colocarnos bajo el discipulado de Aquel que nos diseñó. El que nos ama y nos creó. El que entiende nuestra sexualidad y tiene un plan bueno y hermoso para esta.

No conocemos tu camino o tus luchas personales. No conocemos la confusión y el sufrimiento en tu vida, pero Dios sí. Él conoce y se preocupa profundamente. Él te ve y te ama. Él sabe que todo lo que has experimentado, hecho, visto, escuchado y aprendido te ha llevado a esta situación hoy. ¿Y sabes qué? Él quiere perdonar tu pasado (ver 1 Juan 1:9). Quiere redimir tu futuro (ver Isaías 61:3). Quiere renovar tu mente y tu corazón (ver Romanos 12:2). Quiere liberarte del pecado habitual (ver Salmo 51:10). Quiere reivindicar tu comprensión de la sexualidad (ver 2 Timoteo 2:21). Quiere transformar tu quebranto en belleza para su gloria.

Por qué escribimos este libro

Dios nos creó intencionadamente como seres sexuales. Desde

el principio de los tiempos, nos creó con deseos sexuales. Nos diseñó de esta manera con una intención y un propósito. No es un aguafiestas celestial, que quiere sofocar nuestra pasión sexual. Es un Creador amoroso que quiere dirigir nuestra pasión en la dirección correcta. En amor, nos ha dado hermosos parámetros sobre cómo aceptar nuestra sexualidad de la manera correcta. Dios nos creó como seres sexuales para enseñarnos verdades espirituales sobre sí mismo. Nos creó con un anhelo de intimidad para atraernos a una relación auténtica con Él. Nos creó como seres relacionales, porque Él es relacional. Nos creó para estar completamente satisfechas en Él.

> Dios nos creó intencionadamente como seres sexuales.

Cuanto más busquemos el buen diseño de Dios, más se aclarará la confusión. Mientras más busquemos a nuestro Salvador, más nos saciará de una manera que nada en esta tierra podría hacerlo.

Al comenzar una nueva etapa de tu camino a través de las páginas de este libro, descubrirás:

- Una comprensión bíblica de tu sexualidad.
- El buen diseño de Dios para el amor, la pasión y el sexo.
- Por qué tus anhelos de intimidad son buenos.
- Cómo vencer la lujuria en tu vida.
- Lo que la Palabra de Dios enseña sobre la pornografía, la masturbación y el material erótico.
- Cómo lidiar con los pecados sexuales secretos.
- Ayuda práctica para tener un corazón puro.
- Cómo encontrar la máxima satisfacción en Jesús.
- Mucho más...

Independientemente de dónde hayas estado o qué estés enfrentando hoy, ambas estamos contentas de que estés leyendo este libro. Oramos para que las verdades de la Palabra de Dios transformen tu vida de la misma manera que lo ha hecho con la nuestra.

En lugar de conformarte con una versión falsa de la sexualidad, es hora de buscar la verdad. En lugar de caer presa de emociones baratas y placeres fugaces, es hora de luchar por lo que permanece. En lugar de seguir atrapadas en el pecado secreto y la oscuridad, es hora de ser libres.

Es hora de aceptar tu sexualidad como el Creador la ha diseñado. Con pasión, propósito y pureza. *Todo para su gloria.*

2. LUJURIA: UN PROBLEMA DE MUJERES TAMBIÉN

Katie parecía nerviosa. Casi asustada. Yo (Kristen) me preguntaba qué estaba pasando por su mente. Se acercó un poco más y luego dudó. Parecía que había cambiado de opinión e iba a darse la vuelta. Antes de que tuviera la oportunidad de irse, hice contacto visual con ella y le sonreí de manera cálida y tranquilizadora. Eso era todo lo que necesitaba para que supiera que me preocupaba por ella. Con sus ojos ahora llenos de lágrimas y rímel que bañaba su rostro, le di un gran abrazo. Las dos nos quedamos allí por varios minutos mientras ella lloraba. Era obvio que algo estaba sucediendo en su mente que había estado guardado bajo llave durante largo tiempo.

El momento de la verdad finalmente había llegado para Katie.

Durante la siguiente hora, Katie contó su historia de lucha y vergüenza. Años y años de dolor finalmente estaban saliendo a la superficie. Por primera vez, confesó su batalla de varios años con la pornografía. Tan pronto como Katie sacó a la luz ese secreto, sintió como si le hubieran quitado un gran peso de los hombros. Ya no era una batalla que lucharía sola. Ahora tenía refuerzos en su lucha.

Katie y yo pasamos un maravilloso tiempo juntas ese día. Oramos, lloramos y creamos un plan de batalla serio que la ayudaría a caminar en gracia, perdón y victoria desde ese momento en adelante. Después que Katie se secó las últimas lágrimas de sus ojos, la miré y le pregunté delicadamente por qué había esperado tantos años para hablar de su batalla con la pornografía. Su respuesta fue simple, pero profundamente triste. Dijo: "Siempre pensé que la lujuria era un problema masculino, no un problema femenino. Supuse que era la única mujer que luchaba con la pornografía, así que lo mantuve en un secreto profundo y oscuro. No fue hasta que te escuché hablar de tus luchas secretas con la masturbación, que me sentí libre de hablar sobre mis luchas sexuales. Hoy fue la primera vez que me di cuenta de que no era la única joven que luchaba con la lujuria".

La historia de Katie es solo una de las muchas historias de la vida real que las mujeres nos han contado. Con los años, hemos escuchado a cientos de mujeres que valientemente nos han pedido ayuda con sus luchas sexuales. Cuando hablamos con estas mujeres, a menudo les preguntamos por qué esperaron tanto para hablar, por qué guardaron silencio.

Su respuesta casi siempre es la misma: "Pensaba que era la única mujer que luchaba con la lujuria. No me animaba a hablar de mis luchas cuando sentía que nadie más podía identificarse conmigo".

Por eso guardaron silencio.

Pensaba que era la única mujer que luchaba con la lujuria.

Cada una de estas mujeres pensó que era la única: la única mujer en el mundo que luchaba con la lujuria. En lugar de abrirse y hablar de este problema, muchas de ellas pensaban que debían recorrer solas el camino. Si eran las únicas que luchaban con la lujuria, debían librar solas la batalla. ¿Cómo podían abrirse y hablar de ello si nadie más podría identificarse con ellas?

A pesar del hecho de que muchas de nosotras pensamos que somos las únicas que luchamos con la lujuria, no es así. Esto es lo que algunas mujeres cristianas expresan sobre la lujuria:

> "La lujuria es algo con lo que lucho a diario".
>
> "La lujuria ha sido una lucha tanto en mi soltería como en mis relaciones amorosas".
>
> "La lujuria es un problema con el que casi todas las mujeres luchan, pero se habla muy poco de ello en la iglesia".
>
> "No se habla de la lujuria. Las mujeres estamos confundidas y frustradas. Necesitamos alguien con quien hablar francamente, que nos ayude a comprender lo que dice la Biblia sobre este tema y cómo podemos vivir una vida pura ante el Señor ya sea física, mental y emocionalmente".

Estas mujeres fueron sinceras y estuvieron dispuestas a abrirse. Para ellas, la lujuria es cien por cien un problema de mujeres también. No hay duda al respecto.

Para cambiar el discurso sobre la lujuria, necesitamos ser sinceras con nosotras mismas y con los demás. Necesitamos comenzar a hablar sobre nuestras luchas y abrirnos con otras mujeres. Guardar silencio sobre el tema solo agravará el problema.

Si la lujuria sigue estando bajo la falsa bandera de ser un asunto "solo de hombres", las mujeres permanecerán calladas en su esclavitud. Y nosotras, como mujeres, seguiremos encerradas en nosotras mismas y peleando solas nuestra batalla.

No es un problema masculino; es un problema humano

Al haber crecido en la iglesia y en una familia cristiana, ambas estamos de acuerdo en que la lujuria se presenta más a menudo como un problema de hombres. Los hombres tienen estudios bíblicos sobre la lucha contra la lujuria. Los hombres tienen retiros de fin de semana sobre cómo ser puros y vigilar lo que miran. Los hombres tienen reuniones semanales en grupos donde rendir cuentas acerca de sus luchas sexuales. Sin embargo, las mujeres de la sociedad actual no tienen acceso a este mismo tipo de recursos y oportunidades.

Felizmente, esto está cambiando poco a poco.

Cada vez más mujeres expresan preocupaciones similares a las citadas anteriormente, se abren y piden ayuda. Debido a ello, poco a poco estamos viendo que la situación está cambiando y que la lujuria está dejando de verse como un problema masculino para empezar a verse como un problema humano.

En un sermón titulado "La lucha contra la incredulidad de la lujuria", el pastor John Piper describe el tema de la lujuria de esta manera: "El deseo sexual en sí mismo es bueno. Dios lo creó en el principio. Tiene su lugar adecuado. Sin embargo, lo creó para que fuera gobernado, regulado o guiado por dos motivaciones: honor hacia la otra persona y santidad hacia Dios. El deseo sexual se convierte en lujuria cuando tal honor y santidad están ausentes".[1]

Las dos palabras que usa para describir la lujuria son especialmente útiles: *honor* y *santidad*. Cuando nuestros deseos y apetitos sexuales están desprovistos de honor hacia la otra persona y de santidad hacia Dios, se convierten en lujuria. Cuando fantaseamos con un hombre guapo que no es nuestro marido, no estamos honrando a nuestro esposo y no estamos actuando en santidad hacia Dios. Cuando nos comportamos de esa manera, estamos teniendo deseos lujuriosos. Simple y claro. De la misma manera, cuando un hombre mira a una mujer y la desnuda en su mente, no la está honrando y no está actuando en santidad hacia Dios. La está deseando con lujuria. La raíz de ambas situaciones es una sola cosa: el pecado sexual. La forma en que el pecado sexual se manifiesta en los hombres y las mujeres puede ser un poco diferente, pero el motivo del corazón es el mismo. Eso se debe a que tanto los hombres como las mujeres tienen deseos y apetitos sexua-

1. John Piper, "Battling the Unbelief of Lust", Desiring God, 13 de noviembre de 1988, https://www.desiringgod.org/messages/battling-the-unbelief-of-lust.

les. Ambos géneros han sido creados como seres sexuales por diseño.

A pesar de lo que puedas pensar actualmente sobre tu propia sexualidad o la forma en que se representa la sexualidad en la cultura, los hombres y las mujeres han sido diseñados como seres sexuales. Volvamos al huerto del Edén y veamos que: "Creó Dios al hombre a su imagen, a imagen de Dios lo creó; varón y hembra los creó" (Génesis 1:27). Aunque los creó únicos y diferentes como hombre y mujer, tenían algo en común. Ambos eran seres absolutamente sexuales. Ambos tenían la capacidad de disfrutar de la intimidad sexual y de tener deseos y apetitos sexuales.

> Ambos géneros han sido creados como seres sexuales por diseño.

Avancemos varios miles de años, y ahora tenemos un mundo lleno de descendientes de Adán y Eva. Piensa en esto. Dios creó al hombre y la mujer. En la perfección del Huerto, podemos suponer que disfrutaban de una intimidad apasionada (que Dios había diseñado y les había dado como una maravillosa faceta de su humanidad), mediante la cual engendrarían hijos. Nosotras, como mujeres del siglo XXI, estamos en esta tierra como resultado de esa relación sexual inicial. Somos el resultado de dos seres sexuales que se unen y engendran una nueva vida.

Aunque vivimos en una era muy diferente a la de Adán y Eva, nos parecemos mucho a ellos. Somos tan sexuales como nuestra abuela mayor Eva, porque Dios nos diseñó así.

HOMBRES Y MUJERES: ¿CUÁL ES LA DIFERENCIA?

Analicemos algunas de las principales diferencias entre hombres y mujeres. Estas explicaciones simples te ayudarán a comprender mejor la forma en que tú funcionas y los hombres funcionan. Te ayudarán también a reconocer la causa fundamental de tu lujuria en comparación con la de un hombre.

(Ten en cuenta que estas son diferencias generales. Eso significa que no siempre son cien por cien verdaderas para cada hombre y cada mujer).

Hombres

- Los hombres han sido creados para buscar a la mujer y, a menudo, esa búsqueda le resulta muy estimulante.
- Los hombres se excitan sexualmente por lo que ven (por eso las mujeres a menudo usan lencería).
- Los hombres generalmente disfrutan el aspecto físico de una relación más que el emocional.
- Los hombres anhelan que sus esposas los deseen sexualmente. Esto afirma su masculinidad y representa una muestra de valoración y respeto.
- Los hombres han sido diseñados físicamente para dar a la mujer en una relación sexual. El diseño físico de un hombre es solo un mero reflejo de su rol particularmente distintivo.

Mujeres

- Las mujeres han sido creadas para responder y, a menudo, que un hombre las busque les resulta muy estimulante.
- Las mujeres se excitan sexualmente por el tacto, y les gusta despertar el deseo y el toque de los hombres (esta es una de las razones por las que las mujeres usan lencería).
- Las mujeres generalmente disfrutan el placer físico más cuando viene acompañado de una cercanía emocional.
- Las mujeres anhelan que sus esposos las deseen relacionalmente. Esto afirma su feminidad y representa una muestra de amor y aprecio.

- Las mujeres han sido diseñadas físicamente para recibir del hombre en una relación sexual. El diseño físico de una mujer es solo un mero reflejo de su rol particularmente distintivo.

Esta simple comparación está diseñada para mostrar dos cosas específicas sobre los hombres y las mujeres: 1. Por lo general, los hombres y las mujeres dan amor y reciben amor de manera diferente. 2. Los hombres y las mujeres son seres sexuales por diseño. Es importante tener en cuenta que, aunque los hombres y las mujeres funcionan de manera diferente, ambos son seres sexuales hasta la médula. Nosotras, como mujeres, debemos reconocer nuestro diseño sexual único para poder enfrentar mejor la batalla contra la lujuria en nuestra vida diaria.

Por lo general, los hombres y las mujeres dan amor y reciben amor de manera diferente.

Estamos todas juntas en esto

Hace varios años, estábamos debatiendo el tema de nuestra próxima conferencia anual de GirlDefined. Consideramos y descartamos una serie de ideas sin poder encontrar el tema correcto. El debate continuó durante varios meses, pero sin resultado. Decidimos dedicar un tiempo intencional a orar por la próxima conferencia y pedir sabiduría a Dios. Después de algunas semanas de oración, nos volvimos a encontrar. Dios había respondido claramente nuestra oración. Ambas volvimos con la misma idea: *pureza radical*. ¡Eso era! Tendríamos una conferencia sobre el diseño increíble y radical de Dios para la sexualidad y la pureza.

Los meses que siguieron estuvieron llenos de sesiones de planificación y detalles organizativos. A medida que se acercaba la conferencia, yo (Bethany) recuerdo sentirme un poco intimidada por el tema. La idea de profundizar en los detalles esenciales de la sexualidad y la pureza, y hablar de ello en una conferencia, no era exactamente algo que me entusiasmara. Me preguntaba cómo responderían las jóvenes cuando Kristen y yo sacáramos a relucir palabras como *pornografía, masturbación* y *lujuria*. ¿Sería embarazoso para ellas? ¿Se sentirían incómodas? ¿Se enojarían con nosotras por tener una conferencia sobre temas tan íntimos? ¿Incluso volverían después de la sesión de apertura? Para ser totalmente sincera, me asustaba la idea de que cientos de mujeres se reunieran para escucharnos hablar sobre sexualidad, lujuria y pureza. Tenía miedo de lo que estas jóvenes pudieran pensar sobre nosotras dos. Sabía que habíamos orado sobre el tema, pero aun así era intimidante.

Para empeorar las cosas, empecé a imaginar lo que podría pasar después que termináramos la sesión de apertura. Imaginé mirar a la audiencia y ver a cientos de mujeres escandalizadas con sus rostros llenos de espanto y los cabellos de punta. Sé que suena de locos, pero eso es realmente lo que había imaginado.

Cuando finalmente llegó la conferencia de GirlDefined, Kristen y yo nos paramos detrás del escenario antes de la sesión de apertura para orar. Oramos para que Dios nos diera sabiduría. Oramos por todas las asistentes. Oramos para que Dios hiciera una obra poderosa en nuestro corazón y en el corazón de todas las mujeres presentes. Cuando salimos al escenario y miramos el rostro de tantas jóvenes preciosas, nos dimos cuenta de lo necesario que era el mensaje. En ese momento, nos sentimos privilegiadas de presentar una verdad tan crucial para sus vidas.

Las jóvenes que asistieron a la conferencia ese año fueron más receptivas de lo que jamás imaginamos. Se mostraron abiertas y sinceras sobre algunas de sus luchas más profundas y privadas. Confesaron voluntariamente sus adicciones secretas y batallas con la lujuria. Buscaron consejo adicional de nuestro equipo de oración y volvieron a consagrar sus vidas al Señor. El fin de semana fue nada menos que inspirador. Nos demostraron, y se demostraron a sí mismas, que las mujeres necesitan la victoria a través del poder de Cristo.

Me alegra informar que esas jóvenes no nos miraron escandalizadas con sus rostros llenos de espanto o los cabellos de punta. En cambio, tuvieron la reacción opuesta. Estaban emocionadas y ansiosas de hablar abiertamente sobre la verdad de Dios con respecto a su diseño sexual.

> Las mujeres necesitan la victoria a través del poder de Cristo.

Cambiar el discurso sobre la lujuria será de gran ayuda para las mujeres cristianas. Con más personas que hablen de la lujuria como un *problema humano* (no solo como un problema masculino), nuestra esperanza es que más mujeres sean sinceras sobre sus luchas. Como mujeres sexualmente rotas, estamos todas juntas en esto. Todas necesitamos ayuda, aliento y esperanza.

Puede ser muy desalentador pensar en el problema de la lujuria y el estado actual de nuestra sociedad. La sexualidad podría parecer más una maldición que una bendición. A donde quiera que mires te encuentras cara a cara con tentaciones seductoras que te invitan a participar. ¿El mundo siempre ha sido así? ¿La sexualidad siempre ha estado tan rota? Comprender cómo se distorsionaron las cosas es crucial para aprender a luchar bíblicamente en la batalla contra la lujuria.

3. CUANDO TODO LO BUENO SE DISTORSIONÓ

Ambas amamos a los animales. Siempre los hemos amado. En los últimos años, nuestro amor por los animales nos obligó a cada una a tener su propio perrito. Dos perros maltipoo blancos y peludos, para ser exactas. Ambas adoramos a nuestros perros más allá de lo normal. Si nos visitas en un día de trabajo, encontrarás dos rubias de 1,80 m de altura sentadas en nuestro escritorio trabajando en la computadora con un maltipoo sobre nuestras faldas.

Por mucho que amemos a nuestros perritos y pensemos que son perfectos, tienen un lado negativo: el cuidado de su pelaje. Como no son perros que mudan automáticamente su pelaje, hay que cortarles el pelo manualmente de tanto en tanto. Lo que ocasiona un gasto de dinero. Con bastante frecuencia.

No hace mucho tiempo, yo (Kristen) me cansé de gastar dinero cada vez que mi perrita Sadie necesitaba un corte de pelo. Aunque mi perrita quedara muy bonita después de cada visita al peluquero canino, eso estaba destruyendo mi presupuesto. Entonces, hice lo que haría cualquier dueño normal, amante de los perros y consciente del presupuesto: tomé el asunto en mis propias manos. Tenía algo de experiencia porque le cortaba el cabello a mi esposo Zack, entonces, ¿qué tan difícil podía ser cortar el pelo a un perro? Si aprendía a cortar el pelo a Sadie, podía gastar ese dinero en algo divertido. Como nuevas decoraciones para el hogar. O tal vez hacerme arreglar los pies o el cabello.

Después de ver algunos tutoriales en línea, no podía creer lo fácil que parecía. *¡¿Cuánto he estado pagando por eso?! ¿En serio?*

Parecía pan comido.

Para empezar, coloqué a Sadie encima de una caja grande para poder cortarle el pelo desde diferentes ángulos. Dado que los profesionales en los vídeos usaban máquinas eléctricas, decidí hacer lo mismo. Zack tenía a mano una buena máquina eléctrica para cortar el cabello, y pensé que no le importaría compartirla con mi perrita.

Todo iba muy bien, hasta que encendí la máquina eléctrica. Sin previo aviso, Sadie saltó de la caja y salió corriendo de mi vista. Al parecer, la máquina la atemorizó. Después de lo que pareció una hora, al final conseguí que se quedara quieta en mi improvisada mesa para cortar el pelo; pero cada vez que volvía a encender la máquina eléctrica, trataba de salir corriendo. Sin embargo, a la tercera vez, estaba lista para lograrlo. Sostuve a la perrita con una mano para mantenerla en su lugar. Luego, con la otra mano, comencé a pasarle la máquina eléctrica sobre el pelo. Sadie se retorcía. Se movía. Trataba de saltar. Traté de ser aún más inteligente. Después de apilar una deliciosa variedad de recompensas frente a sus narices, finalmente se quedó quieta. Durante tres minutos, pero no estaba muy convencida.

Después de tres largas horas, estaba goteando de sudor, exhausta y más traumatizada que la perrita. Finalmente terminé, apagué la máquina eléctrica y me desplomé sobre una silla. Sadie saltó aliviada. Cuando la llamé para admirar mi obra, no podía creer lo que había hecho. De alguna manera, en medio de la batalla, perdí de vista cómo estaba quedando. En lugar de cortarle el pelo de manera uniforme y "al estilo de un perro de raza maltipoo", se lo corté desparejo. Al ver el desastre que había hecho, no sabía si reír o llorar. En lugar de parecer una perrita, se parecía más a un hámster de gran tamaño que le había pasado por encima una cortadora de césped. Se veía horrible, y nada que ver con su especie original. De hecho, era difícil incluso reconocerla. Era la misma perrita, pero una versión muy distorsionada de sí misma.

Demasiado avergonzada para dejarla en ese estado de cercenamiento, solo tenía una opción: *el peluquero canino*. De repente, la suma de dinero a desembolsar no me pareció inaccesible. ¡De hecho, una ganga! Con Sadie a cuestas, conduje vergonzosamente cinco kilómetros hasta la tienda del peluquero. Cuando entré, pude ver los ojos del peluquero iluminarse en estado de shock. Luego, sin decir una palabra, tomó a Sadie en sus brazos y me sonrió. "Te veremos en una hora", dijo con un guiño.

Era la misma perrita, pero una versión muy distorsionada de sí misma.

El peluquero salvó a Sadie de mi desastroso corte de pelo.

Aunque sea gracioso recordar la anécdota del corte de pelo de Sadie, lo que más me quedó grabado en la memoria es lo diferente que se veía de su especie original. Su corte de pelo era tan malo que ni siquiera se podía decir que era una perrita maltipoo. No se parecía en nada a su diseño original.

Al pensar en el estado actual de la sexualidad hoy, me doy cuenta de que está en una condición similar al corte de pelo de Sadie. La sexualidad ha sido tan cercenada, deformada y alterada, que se ve muy diferente al diseño original de Dios. Los seres humanos nos hemos alejado tanto del propósito y la intención original de Dios para nuestra sexualidad, que la mayoría hemos aceptado la versión cercenada como normal. Sin el diseño original en mente, ya no sabemos qué es lo correcto. Ya no sabemos qué es lo bueno. El sexo ya no está vinculado al matrimonio. La verdad ya no está vinculada a Dios. Como resultado, buscamos una miríada de opciones personales con respecto a nuestra sexualidad sin una brújula que nos guíe hacia el verdadero norte. La forma en que abordamos nuestra sexualidad hoy es similar a la de alguien que intenta armar un rompecabezas sumamente complejo sin la foto de la caja como guía.

Al pensar y reflexionar en el estado de la sexualidad actual, no vemos una hermosa obra maestra. Más bien, vemos un vasto mar de confusión, quebranto y dolor. Recibir el mandato de Aquel que nos diseñó no mejoró las cosas. En cambio, magnificó la profundidad de nuestro quebranto.

Cuando miras a tu alrededor y ves la falta de solidez que rodea la sexualidad (en la sociedad y en tu propia vida), ¿alguna vez te has preguntado cómo llegamos hasta aquí? ¿Cuándo se distorsionó tanto? ¿Cuándo se confundió todo? ¿Por qué todas estamos luchando tanto? ¿Siempre ha sido así?

Felizmente, aunque hoy día las cosas estén tan cercenadas, no siempre fue así, y no será así para siempre. Había una vez un lugar donde la sexualidad era perfectamente hermosa. Perfectamente entendida. Perfectamente disfrutada. Perfectamente aceptada. De hecho, era un paraíso. Había una vez seres humanos reales que caminaban sobre esta tierra y proliferaban en su perfecta sexualidad. Sus deseos sexuales estaban en perfecta armonía con la intención del Creador. Sin embargo, es evidente que algo salió mal. Viajemos juntas en el tiempo a ese lugar exótico y misterioso. El lugar donde se creó por primera vez nuestro diseño sexual.

> Había una vez un lugar donde la sexualidad era perfectamente hermosa.

Sexuales por diseño

Con el sol que brillaba fulgurante en el cielo, el día seis de la existencia del mundo estaba en marcha. Dios había creado todo excepto una cosa: la humanidad. A diferencia de los animales, los árboles y la atmósfera, esta creación final sería el pináculo de la obra de Dios. Los seres humanos tendrían un diseño único que reflejaría la imagen de Dios mismo. "Entonces dijo Dios: Hagamos al hombre a nuestra imagen, conforme a nuestra semejanza" (Génesis 1:26). Más que nada en toda la creación, los seres humanos contarían la historia de Aquel que los creó. Su diseño especial reflejaría a su Diseñador.

Con gran intencionalidad y propósito, Dios hizo con mano maestra al primer ser humano del polvo de la tierra (ver Génesis 2:7). Dios diseñó al primer ser humano para que fuera *hombre* (ver Génesis 2:7). Era un hombre adulto con anatomía masculina, hormonas masculinas y un sistema reproductor masculino (ver Génesis 1:28). Dios entretejió un diseño sexual en la esencia misma de su ser.

Incluso en esos primeros momentos de la creación, el diseño físico sexual del hombre insinuaba misteriosamente algo más. Su cuerpo físico estaba claramente diseñado *para* otra persona. ¿Pero quién? No había ningún otro ser humano en la tierra.

Dios tenía un plan.

Dios puso al hombre en el huerto y le asignó la tarea de poner nombre a todos los animales. Era muy claro que todos los animales tenían una contraparte homóloga, pero "no se halló ayuda idónea para él" (Génesis 2:20). Entonces Dios hizo caer al hombre en un sueño profundo, le quitó una costilla de su costado, cerró la herida y comenzó a formar una nueva criatura (ver v. 21). Con sumo cuidado y precisión, Dios hizo con mano maestra al segundo ser humano para que fuera único. Era una *mujer*. Era claramente distinta del hombre. Como mujer adulta, tenía anatomía femenina, hormonas femeninas y un sistema reproductor femenino (ver Génesis 1:28). Su diseño sexual como mujer también hablaba de algo más. Su cuerpo fue diseñado exclusivamente para *recibir* a alguien.

Mientras Adán se frotaba sus ojos adormilados, levantó la vista y vio a la criatura más impresionante de todas. *Ella* había sido hecha para *él*. Con gran emoción, saltó y proclamó:

> Esto es ahora hueso de mis huesos y carne de mi carne; ésta será llamada Varona, porque del varón fue tomada (Génesis 2:23).

Dios trajo a la mujer al hombre, y los bendijo. Luego les dijo: "Fructificad y multiplicaos; llenad la tierra, y sojuzgadla" (Génesis 1:28).

A diferencia de los animales, que fueron creados con instintos sexuales, los seres humanos fueron creados para la *intimidad* sexual. Fueron creados para una profunda unión entre sí. Fueron creados para compartir una relación profundamente emocional y gratificante entre sí. Fueron creados para disfrutar de sexo exclusivo como una unión placentera dentro de su relación de por vida.

En ese momento, Dios estableció una estructura específica para esa nueva relación: el matrimonio. Esa es la primera vez que vemos vislumbres del plan de Dios para el matrimonio de pacto: "Por tanto, dejará el hombre a su padre y a su madre, y se unirá a su *mujer*, y serán una sola carne" (Génesis 2:24).

En la perfección del Huerto, la primera pareja aceptó el diseño de Dios con gran alegría y deleite. Allí, parados en medio del paraíso, estaban desnudos y no se avergonzaban (ver v. 25). Él era absolutamente masculino. Ella era absolutamente femenina. Ambos eran absolutamente sexuales. En la belleza del Huerto, disfrutaban de los placeres de la intimidad sexual con total libertad, absoluta confianza y profunda alegría. No había dolor. No había reservas. No había vergüenza. No había confusión. El primer esposo y la primera esposa se deleitaban en el diseño bueno y hermoso de Dios para su sexualidad.

A diferencia de los animales, que fueron creados con instintos sexuales, los seres humanos fueron creados para la intimidad sexual.

Debido a que la historia de Adán y Eva se ha vuelto tan conocida, es fácil pasar por alto los detalles. Sin embargo, cuando hacemos una pausa y miramos un poco más de cerca, vemos verdades profundas. Vemos el diseño intencional de Dios al hacernos hombre y mujer. Nada era incómodo o vergonzoso sobre nuestro diseño sexual. Vemos el hermoso plan de Dios para la intimidad sexual, creado dentro del contexto de la relación matrimonial. El sexo era una celebración apasionada entre marido y mujer. Vemos el acto intencional de Dios al crear dos géneros distintos. Y, en todo esto, vemos a Dios en el centro de todo cuando creó a los seres humanos para que fueran un reflejo de su imagen.

Sin embargo, a pesar de lo hermosa que es la historia de Adán y Eva hasta aquí, Dios estaba haciendo algo aún más grande. En todos estos detalles, estaba sentando las bases para una historia mucho más grandiosa. Una historia que enseñaría al mundo sobre sí mismo y quién es Él. Génesis no revela lo que significa cuando Dios se refirió a sí mismo en plural: "*Hagamos* al hombre a *nuestra* imagen, conforme a nuestra semejanza" (Génesis 1:26); pero, como descubriremos en el capítulo 6, Dios tuvo un plan intencional para todas estas cosas. Dado que la Biblia es una historia continua sobre Dios de principio a fin, tenemos que seguir leyendo para poder tener una visión más completa.

Sin embargo, por ahora, podemos maravillarnos del hecho de que nuestro Creador es absolutamente intencional en *todo* lo que hace.

Cuando todo se distorsionó

Mientras los primeros seres humanos disfrutaban de la vida en perfecta armonía, una sombra oscura se abría paso en el Huerto. Algo malo se estaba gestando. La Biblia dice que la serpiente (Satanás) "era astuta, más que todos los animales del campo que Jehová Dios había hecho" (Génesis 3:1). Esta tenebrosa criatura odiaba a Dios y tenía la misión de destruir su creación. Y dado que Dios creó al hombre y la mujer específicamente para que reflejaran su imagen, fueron sus objetivos perfectos. Si este enemigo tenebroso podía engañar a los seres humanos, podía destruir sus vidas y distorsionar la imagen que reflejaban.

La serpiente decidió apuntar a la mujer con una pregunta engañosa: "¿Conque Dios os ha dicho: No comáis de todo árbol del huerto?" (v. 1).

Ella respondió: "Del fruto de los árboles del huerto podemos comer; pero del fruto del árbol que está en medio del huerto dijo Dios: No comeréis de él, ni le tocaréis, para que no muráis" (vv. 2-3).

La serpiente pasó a explicar a la mujer que en realidad no morirían, sino que serían como Dios. Si ella comía del fruto, sabría distinguir el bien del mal. Sus ojos se abrirían a cosas nuevas y emocionantes. Sería iluminada (ver vv. 4-5).

La mujer escuchó. Consideró. Creyó.

Lo que dijo la serpiente le pareció bueno. Con su esposo en silencio junto a ella (ver v. 6), tomó una decisión que alteraría drásticamente al mundo para siempre. Después de morder ese delicioso y jugoso fruto, su vida nunca volvería a ser la misma. Le dio un poco a su esposo y él también comió. De repente, todo cambió. La Biblia dice: "Entonces fueron abiertos los ojos de ambos, y conocieron que estaban desnudos; entonces cosieron hojas de higuera, y se hicieron delantales" (v. 7).

Por primera vez, el pecado entró en la vida de Adán y Eva. De repente, sintieron cosas que nunca antes habían sentido. Vergüenza. Culpa. Confusión. Remordimiento. Dolor. Traición.

El pecado estropearía para siempre la vida perfecta que habían compartido juntos. Su perfecta relación sexual se rompería para siempre. A partir de ahora sus deseos y apetitos serían para su propia gratificación; pero, lo peor de todo, su perfecta relación con Dios, su Creador, estaría obstruida para siempre.

Por primera vez, el diseño perfecto de Dios para la humanidad adoptó una versión deslucida y cercenada de su individualidad original.

Ojos que desviaron su mirada, corazones que dudaron

¿Te imaginas lo espantosos que debieron haber sido esos primeros momentos para Adán y Eva? ¿No te preguntas qué pasó por sus mentes tan pronto el pecado inundó su existencia? ¿Hablaron de eso? ¿Se arrepintieron toda la vida a partir de ese momento? Es probable que la escena fatal con la serpiente pasara una y otra vez por la mente de Adán y Eva. *¿Qué estábamos pensando? ¿Por qué la escuchamos? ¿Por qué no confiamos en Dios?*

El hombre y la mujer estaban experimentando quebranto por primera vez.

A partir de ese momento, cada ser humano que vino al mundo llegó roto. A medida que pasaron los días, meses, años y siglos, cada generación experimentó sus propias luchas sexuales como resultado del pecado. La decisión original de Adán y Eva de rechazar la verdad de Dios fue el comienzo de un efecto dominó mundial. Lo que Dios había creado para ser bello y perfecto se había distorsionado por completo.

El pecado ahora contamina nuestros deseos y nuestros sentimientos. Gálatas describe estos deseos deformados como contrarios a lo que es correcto y verdadero: "Porque el deseo de la carne es contra el Espíritu, y el del Espíritu es contra la carne; y éstos se oponen entre sí, para que no hagáis lo que quisiereis" (5:17).

El hombre y la mujer estaban experimentando quebranto por primera vez.

Podemos atribuir el origen del quebranto y el caos que vemos hoy a ese fatídico momento en el Huerto. El momento en que todo se distorsionó. El dolor y la confusión sexual que enfrentamos hoy día son el resultado directo de los pecados iniciales de Adán y Eva. Podemos juzgar fácilmente a Adán y Eva, pero la verdad es que nos parecemos a ellos mucho más de lo que nos imaginamos. Ellos se desviaron del buen camino de la misma manera en que la mayoría de nosotras nos seguimos desviando del buen camino aún hoy. En lugar de confiar en Dios y acudir a Él para que los guiara, desviaron su mirada de Él y la fijaron en otra cosa. Cuando sus ojos desviaron su mirada, sus corazones dudaron. *¿Dios realmente dijo eso? ¿Es Dios realmente bueno? ¿Podemos confiar realmente en Él?* Con la mirada de sus ojos desviada y duda en sus corazones, creyeron al gran engañador (ver 2 Corintios 11:3).

Nuestras luchas no son diferentes a las de Eva. Con frecuencia estamos tentadas a poner en duda la verdad de Dios. *¿Dios realmente dijo que debería reservar el sexo para el matrimonio? Si amo a alguien, ¿qué otra cosa puede importar? Si siento algo, ¿no quiere Dios que sea fiel a mis sentimientos? Si la pornografía no parece lastimar a nadie, ¿no debería estar bien? Mientras no consuma el acto propiamente dicho, técnicamente no estoy rompiendo ninguna regla. Dios quiere que disfrute de la satisfacción sexual, por eso no creo que sea malo leer historias eróticas. ¿Dios realmente dijo que está mal tener fantasías sexuales?* Nuestros ojos desvían su mirada y nuestros corazones dudan, tal como lo hizo Eva. ¿Dios *realmente* dijo? Hacer las cosas a nuestra manera parece mejor en el momento. Estamos tentadas a creer la antigua mentira de que sabemos más que Dios.

Estamos tentadas a creer la antigua mentira de que sabemos más que Dios.

Sea cual sea la época, país o sociedad que miremos, el caos sexual *siempre* sigue al rechazo de Dios como el Creador. Cuanto más se aleja una sociedad de Dios, más torcida y distorsionada se vuelve la sexualidad dentro de esa sociedad. Esto es exactamente lo que está sucediendo en nuestra sociedad hoy. En lugar de definir la sexualidad en los términos de Dios, la estamos definiendo en nuestros propios términos. Como resultado, las formas en que a menudo se acepta, se expresa y se busca la sexualidad hoy están muy lejos de ser el diseño original de Dios.

4. CUATRO MENTIRAS CULTURALES SOBRE NUESTRO DISEÑO SEXUAL

Hace varios años, tuvimos la oportunidad de pasar unas semanas en el hermoso país de Austria. Si alguna vez tienes la oportunidad de ir a Austria, debes visitar el pequeño pueblo de Saalfelden. ¡Es espectacular! Tal vez seamos un poco parciales con esta ciudad en particular porque nuestra Nana (abuela) nació y creció allí. Imagínate lo divertido que fue viajar a Saalfelden y alojarnos en la casa donde creció nuestra Nana. Fue un sueño hecho realidad.

Aunque hubiéramos querido que el viaje durara para siempre, no fue así. El tiempo pasó volando y casi ni nos dimos cuenta de que ya estábamos regresando a Texas. El regreso a casa nunca es tan emocionante como el viaje al destino previsto. En particular, nuestro viaje de regreso a casa desde Saalfelden fue aún peor. Fue muy pesadamente largo debido a una escala de veinticuatro horas en Florida. De regreso a los Estados Unidos, yo (Bethany) terminé en uno de los peores asientos del avión. Me colocaron en el asiento del medio, en la fila del medio, en la mitad del avión. Como si eso no fuera lo suficientemente malo, los asientos contiguos estaban ocupados por dos hombres que nunca necesitaron ir al baño. Lo digo en serio. Volamos durante diez horas seguidas y no creo que se levantaran ni una sola vez. Sin embargo, a mí me conocen como ¡la reina de la vejiga pequeña! Estoy segura de que esos dos hombres estaban muy molestos por mi constante ir y venir del baño… Pues bien… ¡una muchacha tiene que hacer lo que tiene que hacer!

De todos modos, me senté en mi asiento e intenté dormir, lo que me resultó imposible. Me daba vuelta de un lado y del otro, pero me dolía todo el cuello y la espalda. Digamos que fue un vuelo incómodo. Aproximadamente, a las cinco horas de viaje, el hombre que estaba a mi lado se despertó de su sueño y decidió pasar el tiempo con algo de entretenimiento. Se desplazó por algunas de las opciones disponibles y se quedó en su película de elección. Si alguna vez has estado en un vuelo con destino extranjero, sentada en la mitad de los asientos del medio, como yo, sabes lo fácil que es ver todo lo que te rodea. Sinceramente, es difícil *no* enterarte de lo que hacen a tu lado. Incluso cuando miraba al frente y me concentraba en lo mío, podía ver claramente la pantalla del hombre por el rabillo del ojo. Trataba de ignorar la película que estaba viendo, pero era difícil. Lo que sucedió después me tomó desprevenida. Las escenas que comenzaron a reproducirse en su pantalla eran inesperadas, por decir lo menos. Ten en cuenta que este era un vuelo al extranjero totalmente completo y muy largo en un avión público donde viajaban familias. Había niños sentados en las filas detrás de mí y adolescentes sentados en las filas a la derecha y la izquierda de mí.

Lo que sucedió después me tomó desprevenida.

De repente, sin previo aviso, el actor y la actriz de la película comenzaron a desnudarse y se acostaron. Eché un vistazo al hombre que estaba a mi lado para ver si estaba desconcertado por la escena de sexo explícito que se reproducía en su pantalla, pero no parecía ni un poco preocupado. De hecho, parecía un poco aburrido. Durante la siguiente hora, más o menos, la pequeña pantalla en la parte posterior del asiento de ese avión se llenó de escenas de desnudo y sexo explícito a la vista de todos, públicamente.

Aunque traté de no mirar la pantalla fue imposible no ver algunas imágenes. Vi cosas. Cosas que desearía no haber visto. Cosas que Dios creó para compartir entre un esposo y una esposa en la intimidad de su propio matrimonio sagrado. Cosas que deberían ser hermosas y respetables. Cosas que deberían atesorarse.

Hubo una escena en particular que me quemó el cerebro. No porque fuera tan ardiente y apasionada, sino por lo contrario. En lugar de ser supersensual, la escena parecía casual y barata. No había nada especial en lo que la pareja estaba haciendo. Nada sagrado. Nada íntimo. Las dos personas parecían hacerlo de manera mecánica por un poco de placer.

Para colmo, el hombre que miraba la película se durmió. Se durmió por completo, ¡con ronquidos y todo! Ni siquiera el sexo en una pantalla fue lo suficientemente interesante como para mantener a este hombre despierto.

Hemos recorrido un largo camino

Es muy desmoralizador ver la forma en que la sociedad retrata el sexo. Se ve sexo, literalmente, en todas partes. Se usa para vender todo. Piensa un poco. El sexo se usa para vender todo, desde alcohol hasta maquillaje, música, películas, vestidos de graduación y camiones grandes y resistentes. El sexo se ha infiltrado en todos los aspectos de la sociedad. De hecho, una de nuestras hermanas menores hace poco recibió un rímel de muestra con una inscripción, en su envase, que decía "Mejor que el sexo". Si el rímel es "mejor que el sexo", podríamos olvidarnos del sexo por completo y solo colocarnos algunas capas más de rímel.

Queda claro que esa no es la respuesta.

Vivimos en una sociedad que ha hecho que el sexo sea fácilmente accesible para todos. Se ha vuelto tan común como un apretón de manos. Si quieres tener sexo, puedes tenerlo casi al instante. Con un rápido deslizamiento o clic, puedes encontrar una pareja con quien tener sexo dentro del radio donde te encuentras. Si quieres ver a otras personas tener sexo, puedes acceder a la pornografía en cuestión de segundos. El placer de ver al instante está disponible para todos. Si quieres leer sobre sexo, puedes descargar una novela erótica en el momento en que lo desees. El sexo se ha vuelto tan común, que a menudo parece barato, insignificante, como si careciera de importancia.

El sexo se ha vuelto tan común, que a menudo parece barato, insignificante, como si careciera de importancia.

Cuando yo (Bethany) pienso en ese hombre en el avión, siento que su reacción es la imagen perfecta de cómo la sociedad ve el sexo: es tan común que te hace dormir.

En lugar de estar orgullosos de cuánto nos hemos liberado sexualmente como sociedad, deberíamos detenernos por un minuto a pensar hasta dónde hemos llegado y si queremos seguir así. ¿Nos gusta la idea de que el sexo sea inexpresivo, casual, accesible y carente de compromiso e intimidad duraderos? ¿Nos gusta la idea de una cultura de sexo? ¿Nos gusta la idea de que dos personas se usen mutuamente con propósitos egoístas? ¿Nos gusta la idea de redefinir por completo el matrimonio? Si nos detenemos por un segundo a pensar seriamente en cómo aborda el sexo la mayoría de las personas, es probable que nos desilusionemos bastante.

En su libro, *Pulling Back the Shades*, la Dra. Juli Slattery y Dannah Gresh describen nuestros cambios sociales de esta manera: "El relativismo moral de nuestra sociedad no es un signo de progreso, sino el resultado de la necedad y el orgullo".[1] La sociedad se enorgullece de lo que ve como un progreso

1. Dannah Gresh y Dra. Juli Slattery, *Pulling Back the Shades* (Chicago: Moody, 2014), p. 71.

sexual. Disfruta del hecho de que nos hemos liberado de la antigua manera de pensar y que somos libres de ser lo que queremos ser. Sin embargo, cuando te detienes a pensar en eso, ¿qué progreso hemos hecho? ¿De qué estamos tan orgullosos? ¿Estamos orgullosos de que la industria de la pornografía valga mundialmente la astronómica suma de 97.000 millones de dólares?[2] ¿Estamos contentos de que la primera exposición de un niño a la pornografía sea normalmente alrededor de los once años?[3] ¿Nos felicitamos porque la joven promedio pierde su virginidad a los diecisiete años de edad?[4] Estas no son estadísticas para celebrar, sino para entristecernos.

El progreso sexual que vemos en la sociedad actual solo nos ha alejado cada vez más del buen diseño del Creador para la sexualidad y la intimidad. Nos hemos declarado los nuevos expertos y hemos abandonado al Diseñador.

EXPONGAMOS LAS MENTIRAS SOBRE NUESTRO DISEÑO SEXUAL

El sexo y la sexualidad son dos de los temas más candentes de la sociedad en este momento. Con tantas voces que expresan opiniones, puede ser confuso saber qué es verdad y qué no. ¿Qué dijo Dios sobre nuestra sexualidad en comparación con lo que estamos viendo en nuestra sociedad? Si nosotras, como mujeres cristianas, no estamos atentas para discernir la mentira de la verdad, terminaremos escuchando la voz que grite más fuerte.

Cuando decidimos aceptar cualquier cosa menos el diseño bueno y original de Dios para nuestra sexualidad, estamos

---

2. "Tube Sites Are Free, So How Does the Porn Industry Actually Make Money?", Fight the New Drug, 20 de junio de 2018, https://fightthenewdrug.org/how-does-the-porn-industry-actually-make-money-today/.

3. "How Many People Are on Porn Sites Right Now? (Hint: It's a Lot.)", Fight the New Drug, 2 de abril de 2018, https://fightthenewdrug.org/by-the-numbers-see-how-many-people-are-watching-porn-today/.

4. Vera Papisova, "Find Out When Most Teens Are Losing Their Virginity", *Teen Vogue*, 30 de septiembre de 2015, https://www.teenvogue.com/story/teens-losing-virginity-age.

siendo el reflejo equivocado, no el que Dios destinó que fuéramos. Estamos aceptando una versión falsa de nuestra verdadera identidad. Por eso queremos desentrañar algunas de las mayores mentiras que permean la sociedad actual. Nuestro objetivo es exponer las mentiras y trabajar para volver a ser aquello para lo que Dios originalmente nos creó.

Ten en cuenta que este capítulo está centrado exclusivamente en las mentiras. Tenemos varios capítulos más que revelarán la verdad de Dios y profundizarán en su increíble plan para nuestro diseño sexual.

Mentira #1: La identidad sexual está determinada por los deseos personales

Cuando conocimos a Lisa, estaba luchando por comprender su identidad sexual. Tenía muchas preguntas, y no podía encontrar respuestas sólidas. En los últimos años, había estado lidiando con la atracción hacia personas del mismo sexo y no tenía ni idea de cómo manejar sus deseos. Se preguntaba: *¿Debería reprimir mis deseos o debería darles vía libre?* Lisa no tenía respuesta. Había asistido a la iglesia desde que era niña, y conocía el diseño de Dios para las relaciones entre un hombre y una mujer, pero estaba confundida porque se sentía atraída hacia las mujeres.

Lisa solía irse a la cama por la noche y reflexionar sobre lo que su consejera de la escuela de secundaria le había dicho durante sus sesiones de consejería: "Es tu cuerpo, tu sexualidad y tu cerebro. ¡Puedes optar por actuar según tus deseos de la forma que te parezca más adecuada! No dejes que nadie te diga qué hacer o qué no hacer. Sé fiel a tu ser interior". La consejera también le había dado algunos folletos para que los llevara a casa como una forma de ayudarla a procesar sus pensamientos. En los folletos, Lisa leyó cosas como esta:

> La orientación sexual se trata de hacia quién te sientes atraído y con quién quieres tener relaciones. La orientación sexual

> incluye a los gays, lesbianas, heterosexuales, bisexuales y asexuales. La orientación sexual es diferente del género y la identidad de género. La orientación sexual tiene que ver con quién te atrae y a quién te sientes atraído romántica, emocional y sexualmente. Es diferente a la identidad de género. La identidad de género no tiene que ver con quién te atrae, sino quién *eres*: hombre, mujer, transgénero, etc. La orientación sexual es una parte natural de lo que eres, no una elección. Tu orientación sexual puede cambiar a lo largo de tu vida.[5]

Después de leer declaraciones como estas, Lisa estaba aún más confundida. *¿Por qué es tan complicado todo esto?*

Lisa se sentía intranquila y muy sola en este proceso.

Cuando se acercó a nosotras por primera vez, parecía dudosa de contarnos lo que había en su corazón. Abrirse y hablar sobre su lucha interna con la atracción hacia el mismo sexo fue muy difícil para ella. Se necesita mucho valor para exponer asuntos tan privados. Lisa mostró valentía al dar este paso y hacer lo que muchas de nosotras, a menudo, tememos demasiado hacer. Ella decidió ser sincera sobre lo que sucedía en su corazón, y nos sentimos honradas de que estuviera dispuesta a hablarlo con nosotras.

Después de hablar durante quince minutos, Lisa empezó a contarnos aún más. Nos dijo que su mayor temor a sincerarse sobre su lucha con la atracción hacia el mismo sexo era la condena y la desaprobación de otros cristianos. Estaba segura de que nosotras (junto con otras mujeres cristianas) nos avergonzaríamos de sus luchas y la despediríamos como una causa perdida. Ella se preguntaba genuinamente si la Biblia tenía una respuesta sobre la identidad sexual. ¿Le importaba a Dios su sexualidad? ¿Era su diseño de género incluso para ella? ¿Podía confiar en Dios en esta área sensible de su vida?

Nuestro corto tiempo con Lisa resultó ser mucho más de lo

5. "Sexual Orientation", Planned Parenthood, consultado el 21 de septiembre de 2018, https://www.plannedparenthood.org/learn/sexual-orientation-gender/sexual-orientation.

que cualquiera de nosotras podría haber esperado. Comenzamos con un apretón de manos como presentación y terminamos con una oración sincera y un genuino abrazo. No teníamos todas las respuestas para Lisa, pero ella se fue con un nuevo sentido de confianza en el amor de Dios por ella y una renovada esperanza en leer la Biblia en busca de respuestas. La apertura sobre sus luchas internas fue un gran primer paso para Lisa en su proceso de encontrar la verdad, la determinación y la libertad.

> Ella se preguntaba genuinamente si la Biblia tenía una respuesta sobre la identidad sexual.

Lisa no es la única que busca respuestas. En un artículo titulado "Una aclaración sobre la complementariedad: disforia de género en perspectiva bíblica", se plantea la pregunta: "¿Tiene la iglesia de Jesucristo algo único, distintivo, que valga la pena decir en la conversación moderna sobre la disforia de género?".[6]

Temas sobre sexualidad, orientación sexual e identidad de género son por demás prominentes en nuestra sociedad moderna. Desde las escuelas hasta los lugares de trabajo, desde la industria del entretenimiento hasta nuestros familiares y amigos, todos tienen una opinión sobre estos temas. Por un lado, la sociedad nos dice que cada persona debe seguir su propio corazón y ser fiel a sus deseos internos. Nos recomiendan ser genuinas y auténticas con quienes sentimos que somos. Según la sociedad, no existe una autoridad superior, y cada persona debe darse cuenta de su orientación y discernir su verdadera identidad por sí misma. Por otro lado, la Iglesia

---

6. Owen Strachan, "The Clarity of Complementarity: Gender Dysphoria in Biblical Perspective", Council on Biblical Manhood and Womanhood, 25 de abril de 2017, https://cbmw.org/topics/complementarianism/the-clarity-of-complementarity-gender-dysphoria-in-biblical-perspective/.

dice que nuestra orientación e identidad deben estar fundadas sobre la Palabra de Dios. Nos advierte que existe una autoridad superior y que la Palabra de Dios debe guiar nuestros deseos y pensamientos internos con respecto a nuestra identidad personal. Lamentablemente, ahí es donde a menudo termina la conversación con la mayoría de los cristianos. No hay mucho seguimiento, conversaciones privadas ni relaciones de discipulado. Aquellos miembros de la Iglesia que están luchando con su identidad sexual a menudo tienen muchas preguntas, y parece que no pueden encontrar muchas respuestas especializadas. Esto debe cambiar.

Al ver que las complejidades y las preguntas con respecto a la orientación sexual y la identidad de género aumentan cada año, creemos que estos problemas son demasiado grandes para dejarlos supeditados solo al conocimiento humano. Son demasiado grandes para que la sociedad responda. Son demasiado complejos para que incluso los médicos y psicólogos tengan una explicación acertada. Todos necesitamos mejores respuestas. Necesitamos respuestas que tengan una evidencia probada a largo plazo. Necesitamos respuestas que no cambien en diez, veinte o cincuenta años.

Necesitamos respuestas que tengan una evidencia probada a largo plazo.

Lo que realmente necesitamos es conocer el corazón de Dios y su profundo amor por todas y cada una de nosotras con respecto a nuestra identidad. Necesitamos entender el porqué detrás de su creación de la humanidad toda y su propósito en la creación de género. Necesitamos conocer el corazón del Dios que creó este mundo y todo lo que habita allí. Él tiene la respuesta sobre nuestra sexualidad. Se preocupa profundamente por cada una de nosotras y tiene un hermoso plan para nuestras vidas.

Mentira #2: El matrimonio es una unión entre dos cónyuges

Al investigar para este libro, buscamos en Google la definición de matrimonio. El primer resultado fue el del antiguo y fiel *Diccionario Merriam-Webster*. Así es como define el matrimonio: "El estado de unión como cónyuges en una relación consensuada y contractual reconocida por la ley".[7] Notamos que la definición omite cualquier pronombre masculino o femenino. La descripción fue escrita intencionalmente para que fuera totalmente neutral en cuanto al género. A medida que continuamos desplazándonos por la página, vimos que *Merriam-Webster* también incluye una advertencia sobre su definición. Dice: "La definición de matrimonio que se muestra aquí es intencional y suficientemente amplia como para abarcar los diferentes tipos de matrimonio que actualmente se reconocen en diferentes culturas, lugares, religiones y sistemas de derecho".[8]

Además de la definición actual de *Merriam-Webster*, así es como una popular revista de psicología describe el matrimonio: "El matrimonio es el proceso por el cual dos personas hacen que su relación sea pública, oficial y permanente. Es la unión de dos personas en un vínculo que supuestamente dura hasta la muerte, pero que en la práctica se ve cada vez más interrumpido por el divorcio".[9] Al igual que *Merriam-Webster*, esta revista evita el uso de pronombres que limitarían el matrimonio a un hombre y una mujer. También enfatiza que el matrimonio se ve cada vez más interrumpido por el divorcio. No de manera decreciente, sino cada vez mayor. El matrimonio no está mejorando, sino empeorando cada vez más.

Después de leer ambas descripciones modernas, decidimos

---

7. Merriam-Webster, s.v. "Marriage", consultado el 21 de septiembre de 2018, https://www.merriam-webster.com/dictionary/marriage.

8. Merriam-Webster, s.v. "Marriage".

9. "Marriage", Psychology Today, consultado el 21 de septiembre de 2018, https://www.psychologytoday.com/us/basics/marriage.

buscar también la palabra *matrimonio* en la edición de 1828 del mismo diccionario para ver si se definía de manera diferente. El contraste fue impactante. Así es como describe el matrimonio: "La unión de un hombre y una mujer de por vida; enlace conyugal; la unión legal de un hombre y una mujer de por vida. El matrimonio es un contrato tanto civil como religioso, mediante el cual las partes se comprometen a vivir juntas en mutuo afecto y fidelidad, hasta que la muerte las separe. El matrimonio fue instituido por Dios mismo con el propósito de prevenir las relaciones sexuales promiscuas entre los géneros, promover la felicidad familiar y asegurar el sostenimiento y la educación de los hijos".[10]

¡Qué descripción tan drásticamente distinta!

Al comparar ambas definiciones del diccionario, está claro que el de *Merriam-Webster* ha reescrito por completo su definición original de matrimonio de tal modo que refleje las opiniones cambiantes y en constante evolución de las personas en la sociedad actual. El matrimonio ya no se define como la unión que Dios ha instituido entre un hombre y una mujer. Es una entidad abierta para cualquiera que desee vivir con otra persona. *Merriam-Webster* decidió conformarse a la versión moderna del matrimonio en la sociedad de tal modo que fuera relevante y considerado una fuente confiable de información. Si no lo hicieran, lo ignorarían por sus creencias prejuiciosas y anticuadas.

La presión de adaptarse a los puntos de vista modernos sobre el matrimonio no solo está afectando al *Diccionario Merriam-Webster*, nos está afectando a todos. Es difícil hablar de los temas que estamos tratando a lo largo de este libro debido a la presión social cada vez mayor a conformarnos a la sociedad. Además, son difíciles de abordar debido a la forma en que nos afectan a muchas de nosotras de manera sumamente personal. Es difícil decidir qué es verdad y qué no. Es difícil

---

10. Webster's Dictionary 1828 Online, s.v. "Marriage", consultado el 21 de septiembre de 2018, http://webstersdictionary1828.com/Dictionary/marriage.

saber cuándo tomar una posición y cuándo estar en silencio. Es difícil aceptar la verdad bíblica en un mundo que no está abierto a la Palabra de Dios. Es difícil cuando la sociedad nos considera personas anticuadas y desactualizadas.

Estamos contigo en todo esto, pero solo porque sea difícil no significa que debamos renunciar a la verdad.

Nosotras, como mujeres cristianas, debemos ser fuertes y diligentes en la búsqueda de la verdad. Aunque sea contracultural, necesitamos volver al diseño del Creador para el matrimonio. Dado que Él lo diseñó, es el único con la autoridad para definirlo. Su diseño original para el matrimonio es verdaderamente para nuestro propio bien.

Necesitamos volver al diseño del Creador para el matrimonio.

Mentira #3: El sexo debe aceptarse cualquiera que sea la manera que a uno le parezca correcta

Jennifer creció en un hogar cristiano y participaba activamente en la iglesia. Asistía al grupo de jóvenes, formaba parte del coro de la iglesia e incluso trabajaba como voluntaria los domingos por la mañana en la clase de niños. Cuando Jennifer se graduó de la escuela secundaria y fue a la universidad, su familia tenía grandes esperanzas en ella. Estaban seguros de que ella seguiría comprometida con su educación moral y se mantendría firme durante los años universitarios.

El primer año de la universidad fue excelente para Jennifer. Hizo buenos amigos, tuvo buenas calificaciones y parecía estar bien. El segundo año llegó, y fue entonces cuando comenzaron a surgir problemas. Jennifer comenzó a sentirse un poco insegura de sus normas y convicciones morales. Parecía como si todos en el campus estuvieran hablando de sus últimas aventuras sexuales. Avancemos rápidamente al tercer año, cuando Jennifer comenzó a salir con un nuevo grupo de amigos. Da la casualidad que este grupo incluía a un joven universitario muy agradable y guapo llamado Javier. Lento pero seguro, Javier se fijó en Jennifer y comenzó a prestarle atención especial. Después de muchos meses de ser solo amigos, comenzaron una relación romántica. Y fue entonces cuando comenzó la presión.

El nuevo grupo de amigos universitarios de Jennifer comenzó a preguntarle sobre el aspecto sexual de su relación con Javier. Parecían confundidos y no sabían por qué no estaba teniendo relaciones sexuales con su novio. Decían cosas como: "¿Acaso no se aman?". "El sexo no es más que una expresión física del amor que sienten el uno por el otro". "Debes dejar de pensar tanto". "Todos lo hacen. Es normal". La presión constante al final logró su cometido en Jennifer. No cedió de inmediato, fue un proceso de tres años. Poco a poco perdió de vista el diseño previsto de Dios para el sexo y la intimidad. Apartó los ojos del propósito superior de Dios y comenzó a escuchar las voces a su alrededor. Una noche, después que Jennifer y Javier salieran, él le pidió que tuvieran sexo. Ella aceptó. Jennifer decidió que valía la pena dejarse llevar por la pasión de sus sentimientos hacia Javier.

Nosotras, como mujeres modernas, vivimos en una cultura muy parecida al mundo universitario de Jennifer. Los mensajes son similares. "Si te parece bien, ¡adelante!". "Si lo amas, no tiene nada de malo acostarte con él". "Si quieres tener sexo, no te reprimas". "Todo el mundo lo hace, ¡así que no lo pienses tanto!". "Solo sigue lo que dicte tu corazón".

Hace poco, yo (Kristen) leí un artículo de la edición 2016 de la revista *Teen Vogue* destinado a ayudar a las adolescentes a decidir si están listas para tener relaciones sexuales por primera vez. Aquí hay parte de lo que expresa el artículo:

> Sin embargo, más que nada, tienes que sentir que estás *lista*; pero ¿qué significa eso? Recurrimos a siete expertos para que nos dieran su opinión sobre el tema para ayudarte a determinar si lo estás. Esto es lo que nos dijeron… Tener la pareja adecuada es clave… Saber lo que te hace sentir bien… Tener

> relaciones sexuales porque quieres hacerlo... Si no puedes hablar sobre las enfermedades de transmisión sexual, no estás lista... Asegúrate de que tanto tú como tu pareja estén seguros y listos... Si te repugnan los fluidos corporales, no estás lista... Nunca debes sentirte presionada...Tener deseo sexual es importante.[11]

El artículo detalla cada uno de estos ocho puntos, pero no ahondaremos en cada uno. En resumen, el artículo dice que no hay una norma verdadera en lo que respecta al sexo. Los sentimientos son la mejor guía. Si te hace sentir bien, hazlo. Si te sientes lista, hazlo. Si estás "enamorada", hazlo. Según *Teen Vogue*, los sentimientos son la fuerza impulsora que te ayuda a determinar cuándo es el momento adecuado para comenzar a tener relaciones sexuales. La idea del matrimonio es obsoleta y la continencia no es nada bueno. Esto es básicamente lo que dice todo el artículo.

El sexo no se puede minimizar y reducir a dos personas que disfrutan de un intercambio apasionado. El sexo es mucho más que sentimientos y hacer lo que parece bien en el momento. Es mucho más que una acción corporal entre dos personas que consienten. Dios tiene un propósito y un diseño mucho más grande para el sexo, que todos necesitamos comprender con urgencia.

El sexo es un regalo de Dios maravilloso y vivificante. Aunque suene bien decir: "Puedo actuar según mis deseos sexuales de cualquier forma que me parezca bien", esta visión es superficial y miope. No tiene sustancia. ¿Dónde está el propósito? ¿La dirección? ¿El significado? ¿El *porqué* del sexo? El sexo es demasiado hermoso, íntimo y apasionado para dejarlo a nuestra propia discreción. Necesitamos la guía del Creador del sexo para adoptarlo en todo su esplendor.

---

11. Kaleigh Fasanella, "How to Decide If You're Ready for Sex", *Teen Vogue*, 21 de octubre de 2016, https://www.teenvogue.com/story/how-to-know-if-you-are-ready-to-have-sex.

Mentira #4: La feminidad tiene que ver con ser seductora y tener poder

Hace varios años, yo (Bethany) tuve la oportunidad de sentarme frente al escritorio del dueño de una agencia de modelos de alto rango. Esta agencia me reclutó varias veces hasta que al final decidí intentarlo (puedes leer la historia completa en nuestro libro *Una chica definida por Dios*).

Cuando Jeff, el dueño de la agencia, y yo hablamos, era muy evidente que tenía un objetivo específico en mente para todas sus modelos. Me explicó que necesitaba estar dispuesta a posar desnuda si quería ascender en la carrera del modelaje. Eso es lo que esperaba de sus modelos y eso es lo que esperaba de mí. No estaba interesado en que nadie intentara detener el avance de su agencia. Quería el éxito y sabía exactamente cómo conseguirlo.

Apenas le insinué mi desinterés por desnudarme ante las cámaras, una mirada de sorpresa cruzó por su rostro. Literalmente, pasó los siguientes minutos hablándome sobre mis principios morales. Me dijo que mi inseguridad se debía a estar aferrada a ideas muy anticuadas. Me miró directamente a los ojos y me regañó por no sentirme cómoda en mi propia piel. Me dejó muy claro que no me volverían a recibir hasta que no estuviera lista para hacer lo que fuera necesario para ser una modelo exitosa.

Mi entrevista con Jeff confirmó lo que había estado viendo y escuchando en la sociedad. Las mujeres son tan poderosas y valiosas como su apariencia externa. Si somos sexys y estamos dispuestas a mostrar nuestro cuerpo, llegaremos lejos. Si no, no llegaremos lejos. Las mujeres con moral y valores sexuales a menudo se consideran inseguras y mojigatas. Lamentablemente, esta es la posición en la que muchas de nosotras, como mujeres cristianas, nos encontramos.

Si una mujer puede adoptar una pose sexy, tomarse una foto superprovocadora y parecer totalmente atractiva, a menudo se la exhibe como un trofeo. Sin embargo, la decencia, el recato y un corazón puro se consideran cualidades negativas que debemos enterrar y quemar. Escuchamos mensajes como: "Las mujeres de verdad están dispuestas a presumir de su cuerpo". "Las mujeres fuertes saben cómo usar lo que tienen". "Las mujeres sexy saben cómo volver loco a un hombre". Solo hace falta echar un vistazo a las revistas que están en la fila de la caja registradora de un supermercado para confirmar que ser seductora y provocativa son las cualidades que se deben adoptar si quieres ser una mujer poderosa.

Ya sea que como mujeres modernas lo admitamos o no, la esencia de la feminidad se ha reducido tan solo a la apariencia externa de una mujer. Aunque la sociedad presente a las mujeres de una manera demasiado sexualizada, la feminidad es mucho más que eso. Se trata de algo más que parecer sexy, provocativa e irresistible a los hombres. Es más que tener una foto de tu cuerpo en la portada de una revista. Es más que escuchar que te llamen "reina" o "diosa".

> Dios diseñó a las mujeres para mucho más que la seducción y el poder para provocar.

Dios diseñó a las mujeres para mucho más que la seducción y el poder para provocar. Dios no mide nuestro valor de la misma manera que lo hace la sociedad. Tiene un hermoso plan para nuestra feminidad que supera con creces los valores a menudo degradantes de nuestra cultura.

Mujer, esto es muy complicado

Este capítulo no fue fácil de escribir, y estamos adivinando que tampoco es fácil de leer. En los últimos años, mientras estudiamos e investigamos sobre la sexualidad y conversamos cara a cara con mujeres como tú, nos dimos cuenta de lo complicado que se ha vuelto este problema. Todo lo tratado en este capítulo aborda el dolor, el quebranto y la confusión que rodea la sexualidad. El dolor y la confusión que muchas de nosotras hemos experimentado personalmente.

Piensa en cómo se ha abaratado el sexo. Piensa en cómo se ha roto el matrimonio. Piensa en lo complicado que se ha vuelto el género y la identidad. Piensa en la manera en que con frecuencia se trata a las mujeres como objetos. Este no es el diseño original de Dios para nuestra sexualidad.

Dios nos creó para mucho más que la confusión y el caos que vemos hoy. Si nosotras, como mujeres, queremos experimentar el diseño bueno e intencional de Dios para nuestra sexualidad, necesitamos que nos ayude. Necesitamos que nos rescate. No podemos salir de este desastre por nuestra cuenta. Necesitamos que Dios nos redima de nuestro quebranto.

Parte 2

El diseño espectacular de Dios

5. EL HÉROE QUE TODA MUJER NECESITA

Ambas (Kristen y Bethany) nos sentamos con nuestros ojos pegados a la pantalla. El drama que se desarrollaba frente a nosotras era cautivante. Podíamos sentir la conmoción en medio de los acontecimientos desesperantes que transcurrían en la película. La gente se encontraba en graves problemas y necesitaba que alguien fuera a su rescate. Mientras mirábamos la película, toda esperanza parecía desvanecerse.

Justo cuando las tinieblas estaban por declarar la victoria, algo pasó. Todo cambió. Alguien entró en acción.

Sin previo aviso, un héroe apareció en escena. Este valiente rescatador venció rápidamente al mal y salvó a las personas de las garras de las tinieblas. Con gritos de júbilo y alegría, las personas se regocijaron. Alguien había acudido a rescatarlas.

Drama. Lucha. Rescate. Victoria. Ya sea que se reproduzca en la pantalla o suceda en la vida real, hay algo cautivante en una misión de rescate. Con regularidad, hay libros y películas nuevas que atrapan audiencias con estos mismos dramas. Como seres humanos, todos parecemos compartir el interés común de ver cómo se desarrollan este tipo de historias.

¿Te has preguntado alguna vez por qué nos atraen tanto las historias de héroes que acuden al rescate de personas indefensas en medio de una lucha? Tal vez sea porque muy en nuestro interior nos identificamos con la persona indefensa. Tal vez podamos identificarnos con lo que siente la persona desesperada y perdida. En secreto, esperamos que alguien nos salve. Esto es lo que nos sucede a nosotras dos, y adivinamos que también te sucede a ti. Por más fuertes que parezcamos por fuera, en el fondo anhelamos que alguien más grande y fuerte nos proteja y nos guíe. En especial, cuando se trata de nuestras luchas sexuales. Anhelamos que alguien nos salve del dolor y la vergüenza que cargamos. Anhelamos que alguien nos redima de nuestro quebranto sexual. Queremos que alguien aparezca de repente y nos rescate.

Al conversar con cientos de mujeres en los últimos años, también hemos escuchado este anhelo en sus voces.

El deseo de que alguien acuda a nuestro rescate no es nuevo, es un anhelo antiguo. Es algo que la humanidad ha estado anhelando desde el principio de los tiempos. Como vimos en el capítulo 3, la primera historia de quebranto y lucha tuvo lugar en la perfección del Huerto, cuando todo lo bueno salió mal. Cuando Adán y Eva se escondieron de Dios avergonzados (ver Génesis 3:8), sabían que no podían solucionar el problema. Cuando el pecado se apoderó de sus vidas y contaminó su sexualidad, sabían que tenían graves problemas. Necesitaban que alguien más grande y fuerte los ayudara. Necesitaban un héroe.

Anhelamos que alguien nos salve del dolor y la vergüenza que cargamos.

Así como Adán y Eva necesitaron un héroe en el pasado, nosotras también necesitamos un héroe hoy. Necesitamos alguien que nos perdone por nuestro pecado y nuestra culpa. Necesitamos alguien que redima y restaure nuestra sexualidad. Nuestro anhelo interno de un héroe nos recuerda constantemente que no somos suficientes. No podemos restaurar lo que se rompió. Necesitamos desesperadamente a un *Salvador*.

Al rescate de la sexualidad

A lo largo de los años, ambas hemos sido culpables de tratar de encubrir y ocultar nuestro quebranto sexual. No queríamos enfrentarlo. No queríamos que otros lo vieran. Ya fuera lujuria, fantasías sexuales, masturbación u otra cosa, estábamos demasiado avergonzadas para mirar a nuestro pecado directamente a los ojos. En cambio, tratábamos de ocultarlo con soluciones temporales. Poníamos nuestra mejor cara de joven cristiana estrella y fingíamos que todo estaba bien. Claro, funcionó por un tiempo, pero no duró mucho.

Yo (Kristen) recuerdo un momento específico durante mi adolescencia cuando estaba luchando con fantasías lujuriosas. Me sentaba en mi habitación y me perdía en mis pensamientos mientras soñaba con experiencias sexuales con ciertos hombres. Aunque hoy estoy avergonzada de admitirlo, hasta besaba la pared de mi habitación, fingiendo que era un joven guapo.

Cada vez que mi mente vagaba por esos lugares lujuriosos, me sentía culpable y prometía que nunca volvería a hacerlo. Sin embargo, no importaba cuánto lo intentara, me volvía a encontrar en ese mismo lugar de pecado y lujuria. Quería ser suficientemente fuerte, pero nunca podía serlo por mucho tiempo. Ahí es donde me equivoqué. En lugar de reconocer mi necesidad de un héroe, estaba tratando de ser la heroína. Por eso no estaba experimentando un cambio duradero. Por mis propios medios, no era lo suficientemente fuerte como para vencer el pecado en mi corazón.

Tratar de ser nuestro propio héroe debe de ser una reacción común al pecado, porque eso es precisamente lo que sucedió con Adán y Eva después que pecaron por primera vez. ¿Recuerdas la serpiente malvada y el fruto jugoso? Poco después de su terrible decisión, la Biblia dice que de inmediato Adán y Eva trataron de cubrir su desnudez con hojas de higuera (ver Génesis 3:7). Trataron de ocultar el problema. Mientras Dios los veía cubrir su desnudez, sabía que necesitarían algo más. Necesitarían no solo una cobertura más sustancial para sus cuerpos, sino también una cobertura más sustancial para su pecado.

El versículo 21 señala que "Jehová Dios hizo al hombre y a su mujer túnicas de pieles, y los vistió". Dios intervino para ayudarlos a cubrir su pecado. Las hojas de higuera no fueron suficientes. Este versículo revela que un animal inocente tuvo que morir debido a la decisión de Adán y Eva. Para nosotras, como mujeres modernas, matar un animal puede parecer una provisión extraña de Dios, pero en realidad fue un acto muy importante y simbólico. Al matar al animal para hacer su ropa, se derramó sangre inocente para cubrir la vergüenza de otro. Al hacer esto, Dios estaba mostrando a Adán y Eva que el pecado es gravoso. Requiere un gran sacrificio. Requería más de lo que ellos podían contribuir. En ese confuso momento manchado de sangre, este primer sacrificio en realidad presagiaba el máximo sacrificio que algún día tendría lugar a través de Jesucristo (ver Juan 3:16). Jesús sería el máximo sacrificio y cobertura para el pecado.

Aunque Adán y Eva no entendían las implicaciones mayores de lo que estaba sucediendo, Dios estaba poniendo en marcha su máxima misión de rescate. Mediante estos actos pequeños e intencionales, estaba anticipando su magno plan para redimir a la humanidad del poder del pecado, el mal y el quebranto.

Cuando concluye Génesis y se desarrolla el resto del Antiguo Testamento, nos quedamos con la esperanza de la llegada de un Salvador. Avancemos rápido unos cientos de años hasta el comienzo del Nuevo Testamento. Algo bueno estaba por suceder.

Todo cambió. *Alguien entró en acción.*

Apareció en escena

El Nuevo Testamento comienza con una imagen del valiente héroe anunciado en el Antiguo Testamento. El Salvador perfecto se abría paso en nuestro mundo roto para destruir el poder del pecado. Con la forma de un hombre común, Dios mismo apareció en la escena de la humanidad. Vino para salvar al mundo del pecado que Adán y Eva trajeron al Huerto. Vino a ofrecer esperanza y libertad en medio de nuestro quebranto sexual.

Dios, en la forma de Jesucristo, entró en nuestro mundo sucio, afectado y corrompido para mostrarnos cuánto nos ama. Sanó a los ciegos (ver Marcos 8:22-25). Alimentó a los pobres (ver Lucas 9:10-17). Tocó los que no se podían tocar (ver Lucas 17:11-19). Amó a los que eran difíciles de amar (ver Lucas 7:36-50). A medida que se desarrolla la misión de rescate a lo largo de los cuatro Evangelios (Mateo, Marcos, Lucas y Juan), todo parece dirigirse hacia el clímax de la historia.

Después de vivir una vida perfecta durante treinta y tres años en esta tierra, Jesús sabía que había llegado el momento. El propósito de su misión había llegado.

El alto costo del pecado se cumpliría con el misericordioso sacrificio del Salvador (ver Romanos 5:8).

Jesús estaba listo y dispuesto a recibir el castigo que la humanidad merecía. Estaba listo para morir en nuestro lugar y llevar nuestra culpa y nuestro pecado sobre Él. Estaba dispuesto a sacrificar su propio cuerpo para satisfacer la justa y recta ira de Dios. Con las manos y los pies clavados en una cruz, Jesús llevó el peso de los pecados del mundo, incluidos nuestros pecados sexuales, sobre sus hombros (ver 1 Juan 2:2). Cada pensamiento de lujuria. Cada mirada de pornografía. Cada indulgencia en fantasías sexuales. Cada relación inmoral. Todo. Jesús murió en nuestro lugar para que pudiéramos ser perdonadas.

Jesús murió en nuestro lugar para que pudiéramos ser perdonadas.

Mientras Jesús colgaba de la cruz, ensangrentado, herido y golpeado, quienes lo observaban debieron perder la esperanza. Cuando exhaló por última vez y se desplomó inconsciente, debieron pensar que era el fin de la historia. El héroe del mundo estaba muerto.

Durante tres días oscuros, Jesús yació en una tumba.

Las tinieblas estaban triunfando.

Justo cuando el Maligno estaba listo para declarar la

victoria, la tierra comenzó a temblar (ver Mateo 27:51). La enorme piedra frente a la tumba rodó milagrosamente. Entonces, Jesús hizo algo que conmocionó al mundo entero.

Se levantó de entre los muertos.

¡Jesús está vivo!

Él venció el poder de la muerte y conquistó el pecado una vez y para siempre (ver 1 Pedro 3:18). "¿Dónde está, oh muerte, tu aguijón? ¿Dónde, oh sepulcro, tu victoria?" (1 Corintios 15:55). A través de su muerte y resurrección, Jesús absorbió toda nuestra culpa: pasada, presente y futura. Pagó el castigo por todos nuestros pecados sexuales más graves, oscuros y vergonzosos. Murió por el pecado que tratamos de cubrir y ocultar. Murió y proporcionó la verdadera cobertura que todos necesitamos. Gracias a Jesús, ya no tenemos que escondernos detrás de hojas de higuera. Podemos aceptar la perfecta cobertura del perdón y la justicia que Él nos da. Como dice John Piper: "Dios entró en la historia a través de Jesucristo. Murió para destruir el poder del infierno, la muerte, Satanás y el pecado, y lo hizo a través del evangelio de Jesucristo".[1] Jesús murió para que pudiéramos ser libres. Mateo 20:28 señala que "el Hijo del Hombre no vino para ser servido, sino para servir, y para dar su vida en rescate por muchos".

El héroe salió victorioso. La misión de rescate fue exitosa.

Jesús hizo lo que vino a hacer. Nuestros anhelos internos por un héroe se han cumplido en Jesucristo. Él es Aquel que nuestra alma anhela.

En lugar de tratar de ser nuestro propio héroe, ahora podemos ir con nuestro pecado, nuestra culpa y nuestra vergüenza a Jesús con humildad, y Él nos recibirá. No tenemos que ser suficientes, porque Jesús fue suficiente para nosotras. De hecho, no tiene sentido siquiera pretender ser suficientes, porque Dios ve la realidad de nuestro corazón. Ve nuestro pecado más claro de lo que nosotras lo vemos. Por eso envió

1. John Piper, "What Is the Christian Gospel?", Desiring God, 5 de junio de 2002, https://www.desiringgod.org/articles/what-is-the-christian-gospel.

amablemente a Jesús a morir por nosotras. Sabía que necesitábamos que nos rescatara aun antes de que nos diéramos cuenta. Ahora tenemos esperanza y la libertad de ser sinceras sobre nuestras luchas sexuales y podemos confesarlas a Dios en oración. Jesús mismo declaró: "Yo he venido para que tengan vida, y para que la tengan en abundancia" (Juan 10:10). Gracias a la muerte y resurrección de Jesús, tenemos el poder de vencer todo pecado y toda lucha sexual. En Él, tenemos poder para resistir la tentación sexual.

No tenemos que ser suficientes, porque Jesús fue suficiente para nosotras.

En lo más íntimo de tu ser, en los lugares ocultos de tu vergüenza y quebranto sexual, Jesús te ofrece libertad. Te ofrece perdón. Te ofrece restauración. Te ofrece una vida nueva. Si depositas tu fe en Él como tu Salvador y aceptas el sacrificio que hizo por ti, tendrás vida eterna (ver Juan 3:16). Además, tendrás acceso a una relación personal con Dios mismo.

Una vez que aceptas a Jesús como tu Salvador, ¡la Biblia dice que eres una nueva criatura! Recibes una fuente de poder y fortaleza que antes no tenías. En vez de continuar ahogándote perdidamente en tu pecado, Dios te llama a dejar tu antigua vida y comenzar una nueva vida con Él. El apóstol Pablo describe esta increíble transformación en el libro de Gálatas:

> Con Cristo estoy juntamente crucificado, y ya no vivo yo, mas vive Cristo en mí; y lo que ahora vivo en la carne, lo vivo en la fe del Hijo de Dios, el cual me amó y se entregó a sí mismo por mí (2:20).

Como creyentes y nuevas criaturas en Cristo, ahora podemos ver nuestra "antigua naturaleza" muerta al poder del pecado. A pesar de que no podemos escapar de nuestro cuerpo pecaminoso en esta tierra, estamos llamadas a caminar en fe y buscar la fortaleza en Cristo.

Una nueva criatura

Una mujer llamada Kathy tiene un poderoso testimonio de cómo Jesús transformó su "antigua naturaleza" y la hizo una nueva criatura en Él. Cuando era joven, Kathy estaba obsesionada con las novelas románticas, y hacía lo que fuera necesario para que los muchachos se fijaran en ella. Kathy entregó su cuerpo a varios novios, con la esperanza de que eso fuera suficiente para retenerlos, pero nunca lo fue. A medida que pasaban los años, supo que su vida iba en un espiral descendente. El material erótico, la pornografía y muchos otros placeres lujuriosos se convirtieron en sus constantes compañeros. Como mujer cristiana, sabía que sus elecciones sexuales no honraban a Dios, pero no sabía cómo cambiar. Intentó cambiar muchas veces, pero el cambio nunca duró. Nada parecía funcionar.

Entonces, un día llegó al límite de sus fuerzas.

Estaba agotada y cansada de tratar de ser su propio héroe. Estaba cansada de las interminables promesas de cambio. Aunque se veía bien por fuera, estaba desesperadamente rota y herida por dentro.

Una noche, estalló en llanto en el piso de su habitación. Derramó su corazón a Dios, confesó su orgullo al tratar de vivir la vida por su cuenta. Confesó su pecado sexual a Dios y se arrepintió de sus decisiones rebeldes. Pidió a Dios que le perdonara y que en su gracia transformadora la ayudara a tener un corazón puro.

Esa noche marcó un punto de inflexión en la vida de Kathy. En lugar de vivir la vida en sus propias fuerzas y para sus propios placeres, ahora buscaba a Cristo para que transformara su corazón. Ya no buscaba los placeres fugaces de este mundo, sino encontrar satisfacción y felicidad plena en su relación con Jesús. Su proceso hacia la libertad no estuvo libre de tropiezos y malos momentos, pero cuanto más profundizaba su relación con Cristo, más cambiaban sus deseos y anhelos. Encontró una mentora en su iglesia e hizo todo lo posible para mantenerse responsable ante ella.

Con el paso de los años, la vida de Kathy ya no se parecía en nada a lo que había sido antes. Su antigua naturaleza había desaparecido. Era una mujer libre. Jesús rompió las cadenas del pecado habitual en su vida y le ayudó a caminar en la libertad de la gracia transformadora de Dios.

> Ahora buscaba a Cristo para que transformara su corazón.

La vida de Kathy es un hermoso ejemplo del poder transformador de Jesús. Sea lo que sea aquello con lo que estás luchando en este momento, hay esperanza para tu futuro. Al igual que Kathy y nosotras dos, Jesús también puede transformar tu corazón y tu quebranto sexual.

Jesús vino a restaurar lo que salió terriblemente mal en el Huerto. Jesús es el verdadero héroe que todas necesitamos con desesperación. Vino a destruir la esclavitud del pecado en nuestras vidas y a liberar a los cautivos (ver Salmo 107:13-16; Lucas 4:18).

Ya no tenemos que vivir como esclavas de nuestro pecado. Ya no tenemos que soportar el peso de nuestro quebranto y vergüenza sexual. No tenemos que escuchar las mentiras del enemigo. No tenemos que creer la versión falsificada del sexo que promueve el mundo. No tenemos que derrumbarnos bajo el peso de nuestra propia culpa. Hemos recibido una nueva vida en Jesús. Hemos sido liberadas. Somos nuevas criaturas. Y, a través de Jesucristo, ahora estamos capacitadas y llamadas a caminar en esa libertad.

6. CUATRO VERDADES BÍBLICAS SOBRE NUESTRO DISEÑO SEXUAL

Cuando éramos adolescentes, a las dos nos encantaba jugar baloncesto. Nuestra naturaleza competitiva nos fue muy útil en la cancha. Nos ayudó a ganar muchos juegos. La victoria sabía dulcísima. También fue de ayuda haber tenido un excelente entrenador (nuestro padre) y que ambas midamos más de 1,80 m de altura. No solo nos gustaba jugar baloncesto, sino también verlo. Dado que somos del gran estado de Texas y de la ciudad aún más grande de San Antonio, crecimos viendo a nuestro equipo local de la NBA. Cuando éramos más jovencitas, admirábamos mucho a un jugador del equipo en particular. Era alto (2,16 m) y atlético, y jugaba en la misma posición de la cancha que nosotras. En nuestra opinión, él era la personificación de la esplendidez. Sí, la *esplendidez*. Si conoces la historia de la NBA, quizás lo recuerdes, el extraordinario David Robinson (también conocido como "El Almirante"). Si bien admirábamos mucho sus habilidades para el baloncesto, más nos impresionaba su vida manifiesta como cristiano.

Una vez, durante una conferencia en San Antonio, tuvimos la oportunidad de escucharle. David, que sobresalía una cabeza y media sobre todos los demás, tomó la palabra y nos abrió su corazón. Habló sobre los desafíos de practicar su fe en un mundo de deportes profesionales y tentaciones sin fin. Expresó lo importante que Dios era para él y cuánto valoraba a su esposa e hijos.

Su objetivo era honrar a Dios en todo lo que hacía, ya fuera en la cancha, en casa o de viaje lejos de su familia. Su valiente postura sobre la pureza sexual y la fidelidad conyugal atrajo la atención nacional. El público lo escuchó con atención.

En 1996, la revista *Sports Illustrated* publicó un artículo de portada titulado "Las pruebas de David". En el relato, Robinson describe cómo se manejaba como cristiano profeso, esposo y padre, en medio de las fuertes tentaciones en la NBA. Por ejemplo, durante los cortes televisivos, se sentaba en el banco y miraba fijamente el piso para no mirar a las animadoras que desfilaban alrededor de la cancha. El artículo también menciona que, como a todos los jugadores de la NBA, mujeres atractivas se acercaban constantemente a Robinson para hablar con él… y es probable que le ofrecieran más que una amena conversación. Al parecer, prefería sacárselas de encima de manera brusca. Cuando le pidieron que comentara sobre esa práctica, por lo visto "grosera", dijo algo como esto: "Si alguna mujer se va a sentir herida, no va a ser mi esposa".[1]

En un mundo de sexo casual y aventuras de una noche, los medios de comunicación tomaron nota de este hombre que cuidaba celosamente su matrimonio. David consideraba que el compromiso que había hecho con su esposa era más que una emoción barata. Respetaba el carácter sagrado de la cama matrimonial, y buscaba honrar ese pacto. Los espectadores a menudo se rascaban la cabeza en asombro, pero David solo estaba haciendo lo que sabía que era correcto. Su convicción estaba basada en su relación personal con su Salvador, que se podía ver en su manera de vivir. David Robinson no era solo un jugador de la NBA, era un hombre cristiano que vivía para la gloria de su Rey.

David fue de gran inspiración para nosotras cuando éramos adolescentes, y todavía lo sigue siendo. Él creía en la Palabra de Dios y la aceptaba en su vida de manera incondicional. No se

1. Leigh Montville, "Trials of David", *Sports Illustrated*, 29 de abril de 1996, p. 95.

dejaba influir por la cultura pop o las luces de la fama. No adoptaba ideas populares solo porque todos los demás lo hicieran. Leía la Palabra de Dios para fundamentar su manera de pensar sobre el amor, el sexo y el matrimonio. Edificó su vida sobre la verdad.

> David Robinson no era solo un jugador de la NBA, era un hombre cristiano que vivía para la gloria de su Rey.

Como mujeres cristianas de hoy, podemos aprender mucho de este veterano del baloncesto. Él no se conformó con emociones sexuales de corta duración, y tampoco tenemos que conformarnos nosotras.

Como C. S. Lewis dijo de manera magistral: "Somos criaturas sin entusiasmo, que pierden el tiempo con la bebida, el sexo y la ambición cuando se les ofrece una felicidad infinita, como un niño ignorante que quiere seguir jugando con el barro en un suburbio pobre porque no se puede imaginar cómo sería que le ofrezcan unas vacaciones junto al mar. Nos conformamos fácilmente con cualquier cosa".[2] Lo que Dios tiene para ofrecernos es mil veces mejor que los placeres superficiales de la sociedad. Su diseño para el sexo, el matrimonio y la feminidad es maravillosamente hermoso. Él está *a favor* de estas cosas y quiere mostrarnos cómo usarlas correctamente. Cuando tomemos la Palabra de Dios en serio y confiemos en su plan, experimentaremos la verdadera libertad como nunca antes. ¿Será fácil? De ninguna manera. No fue fácil para David Robinson. Y tampoco lo será para ti. Sin embargo, la lucha sin duda vale la pena. Los caminos de Dios siempre son mejores.

Es hora de dejar atrás la suciedad del barro y buscar algo mucho más convincente.

---

2. C. S. Lewis, *The Weight of Glory* (San Francisco: HarperOne, 2015), p. 27. Publicado en español por Ediciones Rialp S. A. con el título *El peso de la gloria*.

¿QUÉ JOVEN SERÁS?

Antes de profundizar en los detalles del buen diseño de Dios para la sexualidad, primero debemos hacer una pausa para decidir de dónde vendrá nuestra verdad. Antes que podamos hablar de sexo, necesitamos hablar de Dios. Hay muchas voces que dan mensajes contradictorios sobre sexo, matrimonio e identidad, entonces, ¿a quién vamos a escuchar? ¿Iremos a Dios en busca de respuestas o escucharemos las voces populares de la sociedad? ¿Escucharemos nuestros propios sentimientos y opiniones o investigaremos lo que la Biblia enseña?

Antes que podamos hablar de sexo, necesitamos hablar de Dios.

En este momento de tu vida, no puedes evitar enfrentarte a muchas preguntas polémicas. ¿Está mal tener sexo antes del matrimonio? ¿Qué hay de la pornografía? ¿Cuál es tu opinión sobre el matrimonio gay? ¿Crees que convivir antes del matrimonio es pecado?

Si tuvieras que responder a cada una de estas preguntas ahora mismo, ¿qué dirías? Y lo más importante, ¿de dónde vendrían tus respuestas? Como jóvenes cristianas, tenemos que decidir cuál será nuestra fuente de verdad. ¿Decidiremos aceptar toda la Palabra de Dios o solo los pasajes culturalmente aceptables? ¿Permitiremos que la Biblia defina nuestras creencias o que nuestras creencias definan la Biblia?

Cuando trates de responder estas preguntas difíciles, automáticamente caerás en una de estas tres categorías: (1) la joven que niega toda la Palabra de Dios, (2) la joven que selecciona qué aceptar de la Palabra de Dios o (3) la joven que acepta toda la Palabra de Dios. Consciente o no, caerás en una de estas categorías.

Aquí hay una descripción más detallada de cada una de estas jóvenes.

1. La joven refutadora

Esta joven rechaza por completo la Palabra de Dios y niega todo lo que dice sobre el sexo y su sexualidad. Cuando se trata de su diseño sexual, prefiere vivir según sus propias reglas. Es una joven que sigue lo que dicta su corazón y toma decisiones que le hacen sentir bien en el momento.

2. La joven selectiva

Esta joven no rechaza totalmente la Palabra de Dios, pero tampoco la acepta por completo. No sabe para qué lado ir cuando se trata de su fe. Quiere hacer lo correcto, pero a veces le resulta demasiado difícil. Las presiones sociales a menudo la afectan y decide ignorar la Biblia cuando entra en conflicto con lo que le cuesta más creer. Afirma rotundamente ser cristiana, pero selecciona muy bien lo que quiere creer de la Biblia.

3. La joven aceptadora

Esta joven cree que Dios es Aquel que la diseñó, y permite que la Biblia defina sus creencias. Elige vivir siempre según la verdad, aunque le cueste e incluso cuando no tenga ganas. Confía en que el diseño de Dios para el sexo y su sexualidad es bueno, y cree que el diseño divino es lo mejor para ella. La Biblia es su fundamento de la verdad y filtra cada decisión y creencia a través de su Palabra.

Cuando se trata de la miríada de perspectivas sobre la sexualidad que impregna la sociedad actual, debes decidir qué tipo de joven serás. ¿Serás *la joven refutadora*, que rechaza la Palabra de Dios; *la joven selectiva*, que acepta solo una parte de lo que dice la Biblia y rechaza otras; o *la joven aceptadora*, que toma en serio la Palabra de Dios y acepta todo lo que dice?

Nuestra oración es que elijas ser *la joven aceptadora*. Que fundamentes tu manera de pensar sobre la base sólida de la verdad eterna de Dios (ver Salmo 19:7-11).

Las opiniones van y vienen. Las culturas cambian con el tiempo. Los sentimientos fluctúan. Sin embargo, la Palabra de Dios no cambia. "Sécase la hierba, marchítase la flor; mas la palabra del Dios nuestro permanece para siempre" (Isaías 40:8). Que podamos ser una generación de mujeres que creen en la Biblia y que confiamos en la roca sólida de la Palabra inmutable de Dios.

ACEPTEMOS LAS VERDADES SOBRE NUESTRO DISEÑO SEXUAL

En el capítulo 4 vimos cuatro mentiras culturales sobre nuestro diseño sexual. Ahora vamos a contrarrestar esas mentiras con las verdades indiscutibles de Dios. Comprender el diseño de Dios para nosotras como mujeres es crucial para responder algunas de las preguntas más difíciles de la vida. Sin una base bíblica para tus creencias sobre temas como el género, el sexo, el matrimonio y la feminidad, es fácil dejarse llevar por los deseos personales y las opiniones populares.

Independientemente de dónde hayas estado o con qué estés luchando actualmente, nuestra oración es que encuentres consuelo y esperanza en el buen diseño de Dios. Juan 8:32 dice: "Y conoceréis la verdad, y la verdad os hará libres". La verdad de Dios trae libertad. Apóyate en ella y acéptala. Fuiste creada para ser un bello reflejo de tu Creador. Y tu diseño sexual es una parte espectacular de ese reflejo.

Verdad #1: La identidad sexual es una realidad asignada por Dios

Jackie Hill Perry es una mujer que experimentó atracción por el mismo sexo por primera vez cuando tenía cinco años. Nadie le enseñó a sentirse atraída por las niñas... solo sucedió. Esos sentimientos formaron parte de su vida desde que tenía uso de razón. Cuando llegó a la adolescencia, los sentimientos solo consiguieron intensificarse. A los diecisiete años, tuvo su primera relación con otra mujer y aceptó abiertamente su vida como lesbiana.

Luego, a los diecinueve años, algo radical sucedió en su vida. Le presentaron a un hombre llamado Jesús. Nunca antes había conocido un amor tan poderoso. Nunca antes había conocido a un Dios tan íntimo. En los años siguientes, Jesús transformó su vida hasta lo más profundo de su ser.

Perry relata cómo encontró su verdadera identidad en

Cristo en su libro, *Chica gay, Dios bueno*. Cuando llevó su quebranto y su dolor al pie de la cruz, Jesús transformó amorosamente su vida de manera radical. Mientras más crecía en su relación con Jesús y en comprender el plan superior de Dios para su feminidad, más se amoldaba su corazón a la verdad de Dios. Con el tiempo, su identidad dejó de estar definida por sus deseos a estar definida por su nuevo rol como hija del Rey Altísimo. Ahora, su mayor pasión es vivir para la gloria de Dios.

Si estás luchando con sentimientos contradictorios sobre tu identidad sexual o conoces a alguien que lo está, queremos que sepas que no estás sola. Sabemos que puede ser muy doloroso y confuso. A menudo podrías sentirte sola y triste en tu situación. Sin embargo, hermana, Dios te ve y te conoce. Te ama profundamente. No quiere nada más que llevarte a la hermosa libertad de su gracia transformadora. En medio de tu lucha, debes saber que no estás sola. Apóyate en la verdad de Dios y Él te recogerá.

Cuando Jackie Hill Perry se encontró cara a cara con el evangelio, se enfrentó a una pregunta desafiante y personal. ¿Quién tiene la autoridad de decidir la identidad de uno? ¿Yo o Dios? En un artículo titulado: "Los genitales no son un destino, pero ¿son un designio?", John Piper plantea estas preguntas: "¿El género se establece por preferencia del individuo o por providencia de Dios? O, para decirlo de otra manera: ¿Mi sexo está determinado por mi decisión mental o por el designio divino de mi naturaleza?".[3]

Cuando recurrimos a la sociedad para responder estas preguntas candentes, se nos insta con vehemencia a cumplir nuestros propios deseos. A "seguir lo que dicte nuestro corazón" y "ser fieles a nosotras mismas". Christopher Asmus, un pastor que tiene un testimonio similar al de Jackie Hill Perry,

---

3. John Piper, "Genitalia Are Not Destiny—But Are They Design?", Desiring God, 2 de junio de 2014, https://www.desiringgod.org/articles/genitalia-are-not-destiny-but-are-they-design.

dice: "La ética sexual predominante en nuestros días es 'siento, luego existo'".[4] Impera la autonomía humana. Aunque esto suene convincente y liberador, no deja espacio para Dios. Esta ideología en realidad nos lleva a encontrar nuestra identidad en nuestros deseos sexuales más que en Cristo. Nuestros sentimientos y nuestros anhelos internos se convierten en los dioses de nuestras vidas. Como resultado, terminamos por definirnos con una identidad que Dios nunca nos dio.

Sin embargo, no caben dudas de que los sentimientos y los deseos pueden ser engañosos. Ir en contra de algo que sentimos que es bueno muchas veces puede parecer contradictorio. Jackie Hill Perry cuenta detalles de su propia lucha con sus deseos sexuales internos. A medida que adquiría más conocimiento de la verdad de Dios, aprendió a ver sus sentimientos y deseos desde una perspectiva bíblica y descubrió que no eran tan verdaderos y buenos como ella había pensado.

Cuando el pecado entró en el mundo, contaminó y distorsionó nuestros deseos internos. Como resultado del pecado, la inclinación natural de nuestro corazón se desvió y se apartó de Dios. Por eso no tenemos que enseñar a los niños pequeños cómo lloriquear, tener un berrinche y golpear a sus hermanos. Estas cosas les salen por naturaleza. La Biblia describe estos deseos distorsionados como contrarios y opuestos a lo que es correcto y verdadero. Como hemos visto anteriormente: "Porque el deseo de la carne es contra el Espíritu, y el del Espíritu es contra la carne; y éstos se oponen entre sí, para que no hagáis lo que quisiereis" (Gálatas 5:17). Christopher Asmus lo expresa

> *Ir en contra de algo que sentimos que es bueno muchas veces puede parecer contradictorio.*

4. Christopher Asmus, "Longing for Intimacy", Desiring God, 18 de enero de 2018, https://www.desiringgod.org/articles/longing-for-intimacy.

de esta manera: "Como resultado de la caída, nuestro necio corazón se entenebreció (Romanos 1:21). En lugar de amar la luz y odiar las tinieblas, amamos las tinieblas y odiamos la luz (Juan 3:19). Y a medida que nos enamoramos más de las tinieblas, pecamos y elegimos el camino de muerte (Santiago 1:14-15; Proverbios 14:12)".[5]

Cuando vemos nuestros deseos sexuales desde una perspectiva bíblica, queda claro que seguir lo que dicta nuestro corazón no es una elección sabia. Lejos de Cristo, nuestro corazón no nos guía hacia la verdad, la justicia o la libertad. De hecho, "engañoso es el corazón más que todas las cosas, y perverso; ¿quién lo conocerá?" (Jeremías 17:9). En realidad, nuestro corazón nos engaña activamente, por lo tanto, debemos tener cuidado de apostar nuestra identidad íntegramente sobre la base de cómo nos sentimos.

A medida que aprendemos a ver nuestros deseos desde una perspectiva bíblica, debemos comprender otro elemento clave: los deseos pecaminosos no tienen que definir nuestra identidad. Dado que nuestros sentimientos y nuestros deseos están distorsionados debido a la naturaleza pecaminosa que llevamos dentro, cada una de nosotras enfrentará regularmente tentaciones pecaminosas que no deseamos. Todas luchamos con esta realidad rota todos los días. Por desafiante que sea, no cometamos el error de definir nuestra identidad sexual de acuerdo con nuestros deseos pecaminosos. Si somos cristianas, tenemos una nueva identidad de acuerdo con quienes somos en Cristo (ver 2 Corintios 5:17). Somos pecadoras que Cristo ha redimido y perdonado. No estamos definidas por nuestro pecado, sino por la identidad que la sangre de Cristo ha comprado al convertirnos en hijas de Dios. Gracias a Cristo, ahora tenemos poder para responder rectamente a los deseos y las tentaciones pecaminosas. Cuando surge un deseo pecaminoso en nuestro corazón (ya sea un deseo con alguien del mismo sexo o un deseo heterosexual), podemos actuar de una de dos maneras: podemos

5. Asmus, "Longing for Intimacy".

responder en la carne y satisfacer el deseo pecaminoso o podemos responder con rectitud por el poder del Espíritu y resistir la tentación de caer en el deseo pecaminoso. Necesitamos leer Romanos 8:5-13 repetidamente para recordar que la victoria se encuentra en Cristo cuando decidimos caminar en el Espíritu:

> Porque los que son de la carne piensan en las cosas de la carne; pero los que son del Espíritu, en las cosas del Espíritu. Porque el ocuparse de la carne es muerte, pero el ocuparse del Espíritu es vida y paz. Por cuanto los designios de la carne son enemistad contra Dios; porque no se sujetan a la ley de Dios, ni tampoco pueden; y los que viven según la carne no pueden agradar a Dios.
>
> Mas vosotros no vivís según la carne, sino según el Espíritu, si es que el Espíritu de Dios mora en vosotros. Y si alguno no tiene el Espíritu de Cristo, no es de él. Pero si Cristo está en vosotros, el cuerpo en verdad está muerto a causa del pecado, mas el espíritu vive a causa de la justicia.
>
> Y si el Espíritu de aquel que levantó de los muertos a Jesús mora en vosotros, el que levantó de los muertos a Cristo Jesús vivificará también vuestros cuerpos mortales por su Espíritu que mora en vosotros. Así que, hermanos, deudores somos, no a la carne, para que vivamos conforme a la carne; porque si vivís conforme a la carne, moriréis; mas si por el Espíritu hacéis morir las obras de la carne, viviréis.

A pesar de lo fuertes que pueden ser nuestros deseos sexuales a veces, tenemos el poder de Cristo que vive en nosotras y nos ayuda a responder con rectitud. Nuestra identidad sexual no tiene que estar determinada por nuestros deseos o tentaciones pecaminosas. Rosaria Butterfield es otra mujer con una historia impresionante de cómo el evangelio transformó su vida y la liberó de los deseos homosexuales. Ella dice: "Hay una enorme diferencia entre decir que luchas con la atracción sexual del mismo sexo o que eres gay. Una te permite mantenerte al margen de tu lucha y ver la homosexualidad como parte de la caída; la otra hunde tu identidad bajo tu lucha y ves la orientación sexual como una realidad moralmente neutral".[6]

Jesucristo vino a esta tierra y murió en la cruz para que pudiéramos ser liberadas del poder del pecado en nuestras vidas. En Él y en sus fuerzas, ya no somos esclavas del pecado, sino esclavas de la justicia (ver Romanos 6:17-18). En Cristo, no solo tenemos poder para resistir la tentación, sino también la posibilidad de crecer y cambiar para dejar de ser quienes éramos a lo que Cristo nos llama a ser.

Jackie Hill Perry descubrió que conocer estas verdades bíblicas era liberador y, a la vez, conflictivo. Mientras su carne libraba una guerra contra su espíritu, recurrió a la oración:

> Mientras oraba y meditaba en [la verdad de Dios], Dios puso esta impresión en mi corazón: "Jackie, tienes que creer que mi Palabra es verdadera, aunque contradiga lo que sientes". ¡Vaya! Esto es lo correcto. O confío en su Palabra o confío en mis propios sentimientos. O acudo a Él en busca del placer que mi alma anhela o lo busco en cosas menores. O camino en obediencia a lo que Él dice o rechazo su verdad como si fuera una mentira.[7]

Jackie descubrió que, en lugar de aceptar sus deseos internos como la verdad, debe recurrir a la Palabra eterna e inmutable de Dios para conocer la verdad. El Salmo 119:105 declara: "Lámpara es a mis pies tu palabra, y lumbrera a mi camino". La Palabra de Dios es como una lámpara en nuestra vida, que alumbra el camino de la verdad para que caminemos en él. El camino por delante no fue fácil para Jackie. Estuvo lleno de altibajos, tropezones y luchas. En una entrevista con *Christianity Today,* cuenta lo siguiente:

---

6. Rosaria Champagne Butterfield, "Is Sexual Orientation a Concept That Christians Ought to Use?", www.rosariabutterfield.com, consultado el 30 de octubre de 2018, https://rosariabutterfield.com/new-blog/2018/2/14/is-sexual-orientation-a-concept-that-christians-ought-to-use.

7. Jackie Hill Perry, "Love Letter to a Lesbian", Desiring God, 20 de julio de 2013, https://www.desiringgod.org/articles/love-letter-to-a-lesbian.

> Como una ex lesbiana… tuve un desafío particular cuando se trataba de aprender a manifestar la feminidad como se describe en las Escrituras. También tuve que aprender a discernir si las personas que enseñaban sobre la feminidad usaban la versión de Dios o la versión de la cultura. Vi cómo las personas ponían su cultura en el texto en lugar de permitir que el texto formara su cultura.
>
> Por eso me costó mucho volver a los fundamentos que Dios enseña. Comenzar a ver mi feminidad a través de los ojos de Jesús fue de mucha ayuda para mí. Adaptar mi feminidad a lo que veo en Jesús lo cambia todo.[8]

Jackie Hill Perry, Rosaria Butterfield y muchas otras mujeres han descubierto una libertad transformadora cuando permitieron que Dios definiera su sexualidad y su feminidad. Al someter sus deseos a Él, sus vidas fueron radicalmente transformadas por el poder del evangelio. Su identidad ya no está basada en lo que ellas piensan que son, sino en cómo las creó Dios.

Tu identidad sexual es una realidad hermosa, asignada por Dios.

Aunque esta realidad sea contracultural, nuestra verdadera naturaleza solo se puede encontrar dentro del diseño del Creador para nuestra vida. Él nos diseñó, por lo tanto, Él es el único que puede definirnos. Como dice John Piper: "Ni a quién debemos adorar ni quiénes somos sexualmente queda a expensas de nuestras preferencias".[9] Dios te creó para ser una mujer. Él eligió tu género para ti. Tu identidad sexual es una realidad hermosa, asignada por Dios. Como mujeres cristianas, debemos apoyarnos en esa verdad

8. Jasmine Holmes, "Q&A: Jackie Hill Perry on 'Bending Myself to Jesus'", Christianity Today, 24 de mayo de 2018, https://www.christianitytoday.com/women/2018/may/q-and-jackie-hill-perry-bending-myself-to-jesus-rap.html.

9. Piper, "Genitalia Are Not Destiny".

y esforzarnos por aceptar su diseño para nuestra feminidad. Oremos por humildad y obediencia mientras buscamos ser auténticas portadoras de la imagen de Dios, cuyas vidas cuenten la verdadera historia de nuestro Creador.

Verdad #2: El matrimonio es un pacto entre un hombre y una mujer

Con cientos de ojos que nos observaban, yo (Kristen) estaba parada en la plataforma frente a mi futuro esposo Zack. Con mis manos entre las suyas, sentí el peso de ese momento. No era un día normal. Era un día muy importante. El latido de mi corazón se aceleró y con expectante emoción declaré mis votos matrimoniales a Zack. Frente a cientos de testigos, expresé mi compromiso de casarme con este hombre hasta que "la muerte nos separe". Zack pronunció los mismos votos delante de mí. Cuando el pastor nos declaró marido y mujer, un pacto invisible nos unió para toda la vida. Sea lo que sea que nos depare el futuro y pase lo que pase, prometimos mantenernos fieles.

En nuestra sociedad actual, el matrimonio puede significar un millón de cosas diferentes para un millón de personas diferentes. Según con quién estés hablando, podrías escuchar una gran cantidad de descripciones y definiciones. Como vimos en capítulos anteriores, la sociedad moderna ha tomado la posición de que el matrimonio no es más que un contrato entre dos personas con el objetivo de encontrar la felicidad personal. Muchas personas creen que el matrimonio no es más que una institución hecha por el hombre diseñada para mantener a las personas civilizadas. Si ese fuera el caso, "una institución hecha por el hombre siempre se podría ampliar o reformar para conformarla a los deseos de la humanidad".[10]

Sin embargo, ¿y si ese no es el caso? ¿Qué pasa si nuestros anhelos internos de compañía, intimidad, sexo y procreación

10. Tim Challies, "What's the Purpose of... Marriage?", www.challies.com, 8 de setiembre de 2017, https://www.challies.com/articles/whats-the-purpose-of-marriage/.

no son solo ideas creadas por el hombre? ¿Qué pasa si son parte de un diseño ordenado por Dios?

Como mujeres cristianas que se esfuerzan por ser fieles a la Palabra de Dios, tenemos que abordar el matrimonio con estas preguntas fundamentales: ¿Quién creó el matrimonio? ¿Por qué se creó? ¿Cómo se debería adoptar correctamente?

Como vimos anteriormente en este libro, Dios instauró el matrimonio por primera vez cuando unió a Adán y Eva como marido y mujer (ver Génesis 1:28; 2:24; Marcos 10:6-9). Hasta aquí, vemos que el diseño de Dios para el matrimonio tiene beneficios maravillosos, como el mutuo bienestar, el compañerismo, la descendencia y la satisfacción sexual. No es hasta que leemos el Nuevo Testamento que vemos que Dios tiene un propósito superior para el matrimonio. Cuando juntamos las piezas desde Génesis hasta Apocalipsis, descubrimos una obra maestra increíble y gloriosa. Desde el principio de los tiempos, Dios creó el matrimonio de manera intencional para contar la bella y redentora historia del evangelio.

En nuestro libro *El amor definido por Dios*, explicamos esto con un poco más de profundidad:

> El matrimonio, por más hermoso que sea, es solo una imagen de algo *superior*. Es una representación terrenal de algo mucho más grandioso. Dios colocó la institución del matrimonio en las paredes de este mundo como una representación del evangelio. "Por esto dejará el hombre a su padre y a su madre, y se unirá a su mujer, y los dos serán una sola carne. Grande es este misterio; mas yo digo esto respecto de Cristo y de la iglesia" (Efesios 5:31-32).
>
> El mayor propósito de Dios al crear el matrimonio es mostrar al mundo una representación terrenal de la relación de pacto de Cristo con su Iglesia. Cristo es el novio y la Iglesia es su novia".[11]

11. Kristen Clark y Bethany Beal, *El amor definido por Dios* (Grand Rapids: Editorial Portavoz, 2020), p. 76.

A diferencia de un acuerdo contractual, la relación matrimonial se basa en la relación de pacto de Dios con su pueblo, la Iglesia. Un pacto es una promesa tan fuerte y vinculante, que no se puede romper. Dios creó el matrimonio como una forma de mostrar al mundo cómo es el pacto de amor y fidelidad para sus hijos. El hombre / novio es un reflejo de Cristo, y la mujer / novia es un reflejo de la Iglesia (ver Efesios 5:22-24). El autor Tim Challies escribe: "El matrimonio no es una institución hecha por el hombre, principalmente, para el beneficio del hombre; sino más bien una institución hecha por Dios, principalmente, para la gloria de Dios".[12]

> Un pacto es una promesa tan fuerte y vinculante, que no se puede romper.

Definir el matrimonio según los términos de Dios es de vital importancia para mostrar una imagen precisa de quién es Dios y qué significa el evangelio. Cuando dos personas del mismo género se unen en una relación que llaman matrimonio, la unión no cuenta la verdadera historia de Cristo y su Iglesia. Cuando una pareja decide convivir en lugar de casarse, no cuenta la verdadera historia del pacto de amor de Dios. Cuando un matrimonio cae en adulterio y divorcio, no cuenta la verdadera historia de la fidelidad y promesa de Dios.

Nuestro mayor objetivo como mujeres cristianas debería ser glorificar a Dios en todo lo que hacemos. Esto incluye la forma en que adoptamos y definimos el matrimonio.

Verdad #3: El sexo se creó para la intimidad dentro del matrimonio

En una sociedad que retrata el sexo como un buffet inagotable de placer ilimitado, a menudo se nos hace creer que la

12. Challies, "What's the Purpose of... Marriage?".

actividad sexual libre siempre es mejor. Sin embargo, antes de aceptar a ciegas estos mensajes populares, necesitamos profundizar un poco más. Debemos hacer algunas preguntas incisivas. ¿El sexo premarital *siempre* es mejor? ¿La actividad sexual libre es realmente gratificante? ¿Las aventuras de una noche realmente alivian el dolor en nuestro corazón?

> Dios creó el sexo para que fuera mucho más que éxtasis y placer momentáneo.

Al buscar información para este libro, nos encontramos con un foro en línea donde alguien publicó la pregunta: "¿A alguien más le aburre por completo el sexo?". En respuesta, una persona comentó: "No sé los demás, pero yo he perdido todo interés en el sexo. Lo he visto todo y lo he hecho todo. Incluso podría decir que estoy 'sobreexcedida de sexo'. Me parece algo aburrido hoy día y realmente no encuentro la razón de seguir haciéndolo".[13] Muchas otras personas en el foro sentían lo mismo. El resultado del acceso ilimitado a oportunidades y experiencias sexuales fue el aburrimiento.

El pastor Garrett Kell escribe: "El mundo retrata el placer como una pasión instantánea que se mueve de amante en amante y de fantasía en fantasía. Sin embargo, ¿satisface realmente este tipo de placer o en realidad profundiza nuestra insatisfacción? ¿Quién hace clic en una imagen pornográfica y basta, queda satisfecho? ¿Quién fantasea por unos segundos y basta, queda satisfecho? La oferta de placer terrenal no puede satisfacer un corazón creado para un placer más profundo y duradero".[14]

---

13. Wandering MGTOW, "Is Sex Completely Boring to Anyone Else?", Men Going Their Own Way, 8 de julio de 2015, https://www.mgtow.com/forums/topic/is-sex-completely-boring-to-anyone-else/.

14. Garrett Kell, "Good Lovemaking Is about God", Desiring God, 11 de julio de 2017, https://www.desiringgod.org/articles/good-lovemaking-is-about-god.

Dios creó el sexo para que fuera mucho más que éxtasis y placer momentáneo. Así como Dios fue intencional con todos los demás aspectos de nuestro diseño humano, también fue intencional con el sexo.

La Dra. Juli Slattery ofrece conceptos más reveladores sobre el plan y propósito superior de Dios para el sexo:

> De todas las cosas que Dios ha creado en la tierra para enseñarnos acerca de su carácter, ninguna es más poderosa en la creación o predominante en las Escrituras que el pacto matrimonial y el lugar de la sexualidad en él. ¿Por qué la sexualidad es tan importante para Dios?... Porque la sexualidad es una metáfora sagrada de un Dios que nos invita a hacer un pacto con Él. Dios te creó como un ser sexual para revelar el misterio de conocer a un Dios invisible... Dios creó al hombre y la mujer —nuestro cuerpo, nuestras emociones y nuestros deseos— para enseñarnos acerca del amor de pacto".[15]

Dios ha entretejido en la fibra misma de nuestro ser un profundo deseo y anhelo de estar íntimamente satisfechas dentro de una relación de pacto. Así como Dios creó el matrimonio para que fuera una metáfora de la relación de Cristo con su Iglesia, creó el sexo para que fuera una metáfora terrenal del pacto de amor de Cristo con su Iglesia. No hay otro acto en esta tierra tan íntimo, vulnerable y cercano como la intimidad sexual. Este acto físico refleja una vislumbre del profundo amor de Dios por su pueblo.

Cuando Dios creó a Adán y Eva, los creó *para* el matrimonio y *para* el pacto (ver Génesis 2:24; Hebreos 13:4). Dentro del pacto matrimonial les dio el sexo como una forma de celebrar su amor de pacto. Dios diseñó el sexo para que fuera una celebración física del amor, el compromiso y la vulnerabilidad que

---

15. Dra. Juli Slattery, *Rethinking Sexuality: God's Design and Why It Matters* (Colorado Springs: Multnomah, 2018), pp. 53, 58.

compartimos dentro del matrimonio. Según la Dra. Slattery, "El sexo dentro del matrimonio es como un sacramento. Es hacer con nuestro cuerpo algo físico para recordarnos la promesa del pacto que nos hacemos el uno al otro".[16]

El sexo no solo es una hermosa celebración del pacto matrimonial, sino también una forma de profundizar el vínculo entre un esposo y una esposa. La Dra. Slattery dice: "Cuando ves lo que sucede en tu cuerpo y tu cerebro cuando tienes relaciones sexuales con alguien, te das cuenta de que realmente te unes a esa persona de una manera incomprensible, incluso al nivel neurológico".[17]

Fuimos hechos para el pacto. Fuimos creados para un amor comprometido. Así es como Dios nos ama, y así es como diseñó al hombre y la mujer: para amarse en un matrimonio de pacto. El sexo fuera del matrimonio está lejos de ser lo que Dios diseñó. No hay pacto. Sin matrimonio, el acto íntimo de compartir tu cuerpo con otra persona es una celebración falsa. Tim Keller señala: "Se supone que el sexo es una señal de lo que [has] hecho con toda tu vida; por eso el sexo fuera del matrimonio, según la Biblia, carece de integridad. Le estás pidiendo a alguien que haga con tu cuerpo lo que tú no estás haciendo con tu vida".[18]

> No importa si eres soltera o casada, fuiste creada para una verdadera intimidad con Jesús.

Incluso antes del matrimonio, nuestros deseos sexuales son un recordatorio de que fuimos creados para una rela-

16. Dra. Juli Slattery, "Sex and the Single Girl with Dr. Juli Slattery", YouTube.com, consultado el 24 de septiembre de 2018, https://www.youtube.com/watch?v=TP8eUerN4Cw&t=3s.

17. Slattery, "Sex and the Single Girl".

18. Timothy J. Keller, "Love and Lust" (sermón, Redeemer Presbyterian Church, Nueva York, 6 de mayo de 2012), www.gospelinlife.com/downloads/love-and-lust-6151.

ción íntima. La Dra. Slattery escribe: "Si bien Dios creó el deseo sexual para despertar nuestro anhelo de ser amados, ni siquiera el matrimonio es el mayor cumplimiento de ese deseo. El matrimonio es la sombra, el anticipo, la metáfora del verdadero anhelo de ser conocido, abrazado, aceptado y celebrado por nuestro Creador".[19] No importa si eres soltera o casada, fuiste creada para una verdadera intimidad con Jesús. El mayor cumplimiento solo se puede encontrar en una relación de pacto con el Salvador. No hay sexo terrenal que pueda aliviar nuestro dolor interno por una relación profunda con Dios. El salmista escribe:

> Como el ciervo brama por las corrientes de las aguas,
> Así clama por ti, oh Dios, el alma mía.
> Mi alma tiene sed de Dios, del Dios vivo (Salmo 42:1-2).

El sexo es un regalo espectacular que se nos da en el matrimonio como un reflejo del amor de Dios. Que podamos ser mujeres que administremos este regalo con sabiduría, lo consideremos muy valioso y lo disfrutemos *de manera genuina*.

Verdad #4: La feminidad es una muestra del diseño de Dios para la mujer

Como vimos en el capítulo 3, la feminidad a menudo se presenta como poder y confianza en la belleza física y la expresión sexual de una mujer. Este es un tema complicado porque está mezclado con verdades parciales. El cuerpo femenino *es* hermoso. La sensualidad de una mujer *es* cautivante. Dios nos creó con la capacidad de ser irresistiblemente atractivas y seductoras. Como lo describe Dannah Gresh: "La belleza femenina es una fuerza irresistible. Los gurús de la publicidad han descubierto que, si colocas la foto de una mujer en un anuncio, ¡puedes aumentar el tiempo que alguien pasa mirándolo hasta

19. Slattery, *Rethinking Sexuality*, pp. 55-56.

en un 30%! No funciona de esa manera cuando usas la foto de un hombre".[20]

El encanto femenino y la sensualidad son parte del diseño bueno y original de Dios para nosotras. El deseo de ser seductora y sentirse atractiva es un aspecto central de nuestra feminidad. Nosotras, como mujeres, deseamos ser sexualmente atractivas. Deseamos ser sensuales. Dios nos creó para ser irresistiblemente seductoras… pero no para cualquiera. Nuestra sensualidad fue creada para ser un regalo privado para la cama matrimonial. Cuando el encanto femenino se usa para avivar la llama de la intimidad dentro del matrimonio, es maravilloso.

Gresh escribe: "Proverbios 5:18-19 dice: 'Sea bendito tu manantial, y alégrate con la mujer de tu juventud, como cierva amada y graciosa gacela. Sus caricias te satisfagan en todo tiempo, y en su amor recréate siempre'. Este es un versículo erótico. Una versión más literal de la última frase podría ser: 'que siempre te cautive su sexualidad'. El cuerpo femenino es poderosamente tentador y seductor, y en el contexto del matrimonio esto es algo maravilloso".[21]

El problema no es que nosotras, como mujeres, seamos irresistiblemente cautivantes y bellas, es que a menudo usamos nuestra belleza y feminidad de maneras que no honran a Dios. Podemos usarlas con propósitos egoístas (poder, inmoralidad, manipulación, gratificación personal, etc.) o podemos usarlas de maneras que bendigan a otros y glorifiquen a Dios.

Proverbios 9 incluye una poderosa ilustración de "sabiduría e insensatez" a través de la narrativa de dos mujeres que usan su influencia femenina de manera muy diferente.

Primero, encontramos una descripción de feminidad presentada como "sabiduría". Esta mujer ama a su familia y siempre hace todo por el bien de ellos (ver vv. 1-2). No está de acuerdo con lo que es popular, sino que llama valientemente

---

20. Dannah Gresh, "A Modest Proposal for My Critics", Pure Freedom, 12 de marzo de 2013, http://purefreedom.org/a-modest-proposal-to-my-critics/.

21. Gresh, "Modest Proposal".

a otros a una norma de vida superior (ver vv. 4-6). Ama el consejo sabio, y lo sigue. Está ansiosa por crecer en sabiduría y verdad (ver v. 9). Entiende que el temor de Dios es esencial para ser una mujer sabia (ver v. 10). Tiene una visión general de la vida y quiere llevar una vida de la que no se arrepienta (ver vv. 11-12).

Luego, en contraste con esta mujer sabia, encontramos la descripción de una mujer "insensata" que se la presenta como una mujer "alborotadora... simple e ignorante" (v. 13). Usa su encanto femenino y su hermoso cuerpo para atraer sexualmente a otros hombres, que no son su esposo (ver v. 13). Le gusta llamar siempre la atención de los hombres (ver v. 14). Le encanta ser pícara y está convencida de que el pecado en realidad es gratificante (ver v. 17). Está ciega al pecado en su vida y no puede ver el camino de muerte que está siguiendo (ver v. 18).

La feminidad bíblica es hermosa, fuerte, inteligente e irresistible.

Dios desea que usemos nuestra feminidad con sabiduría y recato. Él quiere que usemos nuestra belleza, influencia, sexualidad e intelecto de manera que bendiga a otros y promueva los propósitos de su reino. Nuestro valor y nuestra dignidad no provienen de nuestra apariencia física, atractivo sexual, logros o cuánto llamemos la atención de los hombres, sino de nuestro Creador (ver Salmo 139:13-14).

La feminidad bíblica es hermosa, fuerte, inteligente e irresistible. Valemos mucho más que la cosificación que este mundo nos ofrece. Somos de inmenso valor y dignidad gracias a nuestro Creador. Que podamos expresar nuestra feminidad de manera que refleje nuestra verdadera identidad como hijas del Rey y glorifique a Aquel que nos redimió. Para obtener más información sobre la feminidad bíblica, te recomendamos que adquieras una ejemplar de nuestro libro *Una chica definida por Dios*.

Acepta el buen diseño de Dios en medio de un mundo confuso

En un mundo lleno de mensajes confusos y definiciones en constante evolución con respecto a la sexualidad, el matrimonio, la intimidad y la feminidad, la Palabra de Dios no cambia. El diseño para nuestra identidad sexual, que Dios estableció al principio de la creación, jamás ha cambiado. El plan de Dios para el matrimonio ha sido el mismo desde que Él lo diseñó. Sus propósitos para la pasión y la intimidad sexual siempre han estado establecidos dentro del contexto del matrimonio. Dios siempre tuvo la intención de que la feminidad fuera una hermosa expresión del hecho de ser mujer. El contexto y el concepto de Dios para todas estas cosas son buenos y correctos.

Sabemos que hemos abarcado muchas cosas… y no tienes que entenderlo todo ahora. Dios solo te está llamando a dar ese primer paso de confianza. Te está llamando a ser una mujer que acepta su verdad de todo corazón.

7. MUJER, FUISTE HECHA PARA LA INTIMIDAD

Yo (Bethany) estaba haciendo todo lo posible para actuar de manera fría y serena. Me senté en el borde de mi sofá y esperé. *Dijo que llamaría a las siete. Relájate.* Traté de calmarme, pero no pude. Era muy importante para mí, y lo esperaba con ansias. Como una soltera de veintitantos años, la llamada telefónica de un pretendiente serio era emocionante. En realidad, muy emocionante. Por lo que sabía, él podía ser el hombre indicado… con el que había estado soñando toda mi vida. Mi príncipe. Mi hombre.

Ring. Ring. Ring.

El sonido del teléfono interrumpió mis pensamientos. Salté del sofá y corrí a agarrar mi teléfono. Era él. Landon estaba llamando.

La conversación comenzó bien. Hablamos de cómo estábamos, de los últimos acontecimientos en nuestras vidas, y lo pasamos genial conversando por teléfono. Esperaba con ilusión conocerlo aún mejor. Nos habíamos conocido unos meses antes y nos llevábamos bien. Lamentablemente, no vivíamos en la misma ciudad, lo que complicaba el proceso de la relación. Si alguna vez tuviste una relación a distancia, sabes lo difícil que es. Requiere de muchas llamadas telefónicas, chats de vídeo, correos electrónicos e incluso algunas cartas a través del correo postal. Felizmente, tanto Landon como yo estábamos comprometidos a conocernos. Si eso significaba hacer llamadas telefónicas, estábamos listos para hacerlas. Queríamos que esa relación funcionara. Al menos, pensé que los dos lo queríamos.

Landon y yo seguimos hablando. Los días se convirtieron en semanas, y las semanas finalmente se convirtieron en meses. Sin embargo, a medida que pasaba el tiempo, comencé a notar un sentimiento de inquietud en mi corazón. Aunque Landon y yo hablábamos regularmente, algo no iba bien. Nuestras conversaciones eran largas, pero eso era todo. Carecían de profundidad. Conversábamos, pero no nos estábamos acercando más. En realidad, no nos estábamos conociendo. Sí, conocíamos información el uno del otro, pero nuestros corazones estaban muy lejos. En lugar de esperar con entusiasmo las llamadas de Landon, comencé a temerlas. No quería pasar otras tres horas solo conversando por teléfono.

> Mi corazón anhelaba algo más profundo.

No pasó mucho tiempo antes que la relación terminara. Y, para ser totalmente sincera, me sentí aliviada cuando ocurrió. Deseaba algo más de lo que Landon y yo habíamos compartido. Mi corazón anhelaba algo más profundo. Algo más significativo. Algo más íntimo. Si Dios había destinado el matrimonio para mí, quería conocer con profundidad el corazón de mi esposo y que él conociera con profundidad el mío. No quería que la relación fuera superficial.

Dios quiere conocerte

Nosotras, como mujeres, vivimos en una época donde abundan las relaciones superficiales. Las relaciones de pareja, los matrimonios, las amistades e incluso las relaciones familiares a menudo se desarrollan de manera superficial. A pesar de que muchas de nosotras anhelamos conocer y ser conocidas en un nivel más profundo, puede ser sumamente difícil alcanzar ese nivel de intimidad. Queremos profundizar, pero a menudo tenemos miedo o no estamos seguras de cómo hacer que eso suceda. Lamentablemente, muchas mujeres (solteras y casadas) pasan toda su vida sintiendo el dolor de la soledad. Sus corazones anhelan el verdadero amor y la verdadera amistad, pero no saben qué hacer ni cómo lograrlo.

En los últimos años, ambas hemos descubierto el significado y la importancia de este anhelo. El deseo de experimentar la verdadera intimidad no es accidental. No es algo que nosotras, como mujeres, debamos dejar de lado o esforzarnos por satisfacer de manera temporal. El deseo de ser verdaderamente conocida y verdaderamente amada, en realidad, es la esencia de cómo Dios nos diseñó. Como nuestro Padre, Dios anhela conocernos personalmente. Quiere tener una relación profunda y significativa con cada una de nosotras.

De hecho, Dios usa una palabra hebrea muy específica a lo largo de toda la Biblia para ayudarnos a comprender su amor íntimo por nosotras. La palabra es *yadá*.

En hebreo, la palabra *yadá* significa literalmente conocer de manera profunda o íntima.

“La palabra *yadá* aparece en el Antiguo Testamento más de 940 veces... La palabra *yadá* se usa con mayor frecuencia para describir la intimidad con Dios: su intimidad con nosotros y nuestra intimidad con Él”.[1] Dios usa intencionalmente la palabra *yadá* para ayudarnos a ver que Él no quiere una relación casual o superficial. No nos creó para eso. Él quiere tener una relación *yadá* con nosotras, y que nosotras hagamos lo propio con Él.

> [Dios] quiere tener una relación profunda y significativa con cada una de nosotras.

1. Dra. Juli Slattery, “Why Does Sex Matter?”, Authentic Intimacy, 9 de marzo de 2015, https://www.authenticintimacy.com/resources/3028/why-does-sex-matter.

Dios nos creó para que lo conozcamos y para que tengamos una relación profunda y gratificante con Él.

Cuando analizamos algunos de los más de 940 usos de la palabra *yadá* en el Antiguo Testamento, descubrimos que estábamos familiarizadas con muchos de los versículos. Aunque habíamos leído muchos de los pasajes varias veces a lo largo de nuestras vidas, nunca habíamos entendido cabalmente su verdadero significado. No fue hasta que supimos exactamente lo que significaba la palabra hebrea *yadá*, que comprendimos realmente la profundidad del amor de Dios por nosotras.

Fíjate el contexto de cómo se usa la palabra *yadá* en estos versículos:

> OH JEHOVÁ, TÚ ME HAS EXAMINADO Y CONOCIDO [*YADÁ*]...
> PORQUE TÚ FORMASTE MIS ENTRAÑAS;
> TÚ ME HICISTE EN EL VIENTRE DE MI MADRE.
> TE ALABARÉ; PORQUE FORMIDABLES, MARAVILLOSAS SON
> TUS OBRAS;
> ESTOY MARAVILLADO,
> Y MI ALMA LO SABE [*YADÁ*] MUY BIEN
> (SALMO 139:1, 13, 14).

> EN TI CONFIARÁN LOS QUE CONOCEN [*YADÁ*] TU NOMBRE,
> POR CUANTO TÚ, OH JEHOVÁ, NO DESAMPARASTE A LOS
> QUE TE BUSCARON (SALMO 9:10).

> RECONOCED [*YADÁ*] QUE JEHOVÁ ES DIOS;
> ÉL NOS HIZO, Y NO NOSOTROS A NOSOTROS MISMOS;
> PUEBLO SUYO SOMOS, Y OVEJAS DE SU PRADO
> (SALMO 100:3).

El sentir de Dios por nosotras es muy claro en estos pasajes. No solo nos conoce en un sentido general, sino que nos conoce de manera profunda e íntima. Él formó nuestras entrañas y nos hizo en el vientre de nuestra madre. Nos conoce desde el punto de vista del Creador y desde el punto de vista relacional. Somos su pueblo y ovejas de su prado. Tiene profundo cuidado de nosotras. Tiene una relación *yadá* con nuestro corazón: conoce el alma y la esencia de nuestro mismo ser. Quiere que nuestra alma tenga una relación *yadá* con Él: que conozcamos que es un Dios maravilloso y que somos la obra maravillosa de sus manos. Quiere tener una relación más profunda con nosotras.

Cuando retrocedemos en el tiempo y vemos a los primeros seres humanos creados, comprendemos que, desde el principio, la intención de Dios fue tener una relación *yadá* con la humanidad. Dios creó a Adán y Eva para que caminaran y hablaran con Él. Sin impedimentos. Sin problemas. Simplemente, en perfecta paz con su Padre. Dios quiere lo mismo con nosotras hoy. Quiere una relación. Quiere intimidad. Quiere cercanía. Quiere *yadá*. Al final, envió a Jesús para que, de alguna manera, experimentáramos eso con Él. En un artículo titulado "Cómo tener intimidad con Dios", Jon Bloom de *Desiring God* escribe: "Dios quiere tener intimidad contigo. Cristo ha hecho todo el trabajo duro en la cruz para hacerlo posible. Todo lo que requiere es que creas en Él (Juan 14:1). Quiere que confíes en Él con todo tu corazón (Proverbios 3:5)... En aquello que más necesitas confiar en Dios en este momento, es donde más debes acercarte a Él".[2]

Es importante para nosotras, como mujeres, entender que fuimos hechas para una profunda intimidad con Dios, quien quiere que confiemos en Él (ver Proverbios 3:5-6). Quiere que lo busquemos con todo nuestro corazón (ver Salmo 27:4). Quiere que tengamos sed de Él como si estuviéramos desesperadas por agua (ver Salmo 63:1). Quiere que sepamos [*yadá*] que, en su presencia, hay plenitud de gozo (ver Salmo 16:11).

Si en primer lugar no entendemos cómo debemos relacionarnos con Dios, todas nuestras demás relaciones, sexuales y no sexuales, costarán trabajo. Nunca tendremos una verdadera intimidad (como Dios diseñó) con los demás, a menos que

---

2. Jon Bloom, "How to Have Intimacy with God", Desiring God, 29 de enero de 2016, https://www.desiringgod.org/articles/how-to-have-intimacy-with-god.

comprendamos cómo tener una verdadera intimidad y [*yadá*] con Dios.

El sexo y *yadá*

El día había pasado muy rápido. Mi vestido de novia blanco volaba al viento mientras (Kristen) me dirigía hacia el automóvil con el que nos marcharíamos. Con mi flamante esposo sentado al volante, nos perdimos de vista. Por primera vez en todo el día, estábamos solos. Mientras conducíamos hacia nuestra *suite* en el centro de la ciudad, nos tomamos de la mano con emocionada expectativa de la noche que nos esperaba. Ninguno de nosotros habíamos tenido relaciones sexuales antes, por lo que este sería un nuevo capítulo en nuestras vidas. Después de llegar al estacionamiento, agarramos nuestras maletas y nos dirigimos al interior del edificio. Cuando entramos al elevador, mi corazón comenzó a latir más rápido. No estaba nerviosa... *¿o sí?* No estaba segura. Después de entrar en nuestra *suite* de luna de miel, nos miramos el uno al otro. Entonces Zack me envolvió con sus fuertes brazos y fundidos en un gran abrazo me susurró: "Te amo".

La noche estuvo llena de romance y pasión. Fue espectacular.

Desde ese momento hasta ahora, Zack y yo hemos disfrutado en gran manera del sexo en nuestro matrimonio. Es un regalo maravilloso e increíble de Dios, que nos acerca uno al otro. Prepara el camino para la intimidad y el amor. Nos une de la manera más profunda posible. El sexo es el acto más personal y vulnerable que cualquiera de nosotras haya experimentado con otro ser humano. Y eso es exactamente lo que Dios quiso que fuera.

Dios creó el sexo para que proliferara en un ambiente de amor verdadero, transparencia, compromiso, confianza y amor de pacto para toda la vida. El sexo fue hecho para una relación. Por eso Dios estableció el pacto matrimonial, y luego colocó el sexo dentro de este pacto. Creó el sexo para unir a un esposo y una esposa de la manera más profunda posible.

Dios creó el sexo para que una esposa tuviera una relación *yadá* con su esposo y un esposo tuviera una relación *yadá* con su esposa.

Dios usó la palabra *yadá* para describir no solo su profundo amor por nosotras, sino también algo muy inesperado. Para ayudarnos a comprender el contexto y el propósito correctos para el sexo, Dios lo usó de manera intencional para describir la *intimidad sexual*. Es absolutamente fascinante. *Yadá* lo cambia todo. El conocimiento profundo que Dios tiene de los suyos es el mismo tipo de conocimiento profundo que Dios quiere que las parejas casadas tengan entre sí. El sexo debe ser una expresión mutua del conocimiento y amor profundos entre un esposo y una esposa. Como lo expresa Greg Smalley: "La idea de Dios de *yadá* en el matrimonio es que conozcas a tu cónyuge profundamente, que tu cónyuge te conozca profundamente y que ambos se disfruten sexualmente".[3]

El sexo fue hecho para una relación.

Aquí hay algunos versículos donde se usa la palabra *yadá* en el contexto de la intimidad sexual:

> CONOCIÓ [*YADÁ*] ADÁN A SU MUJER EVA, LA CUAL CONCIBIÓ Y DIO A LUZ A CAÍN, Y DIJO: POR VOLUNTAD DE JEHOVÁ HE ADQUIRIDO VARÓN (GÉNESIS 4:1).

> Y CONOCIÓ [*YADÁ*] CAÍN A SU MUJER, LA CUAL CONCIBIÓ Y DIO A LUZ A ENOC (GÉNESIS 4:17).

3. Greg Smalley, "Does 'Yada, Yada, Yada' in Your Marriage Mean It's 'Blah, Blah, Blah'?", Focus on the Family, consultado el 24 de septiembre de 2018, https://www.focusonthefamily.com/marriage/sex-and-intimacy/does-yada-yada-yada-in-your-marriage-mean-its-blah-blah-blah.

Y LA DONCELLA ERA DE ASPECTO MUY HERMOSO, VIRGEN, A LA QUE VARÓN NO HABÍA CONOCIDO [*YADÁ*]; LA CUAL DESCENDIÓ A LA FUENTE, Y LLENÓ SU CÁNTARO, Y SE VOLVÍA (GÉNESIS 24:16).

Comprender el sexo dentro del contexto de *yadá* lo cambia todo. Revela la verdad sobre cómo Dios diseñó que se buscara y se disfrutara el sexo. Debido a que Dios usó la misma palabra hebrea para el amor de Dios y la intimidad sexual, podemos aprender grandes verdades sobre ambas cosas. El amor fiel y profundo de Dios nos enseña sobre el sexo, mientras que el sexo apasionado dentro del matrimonio nos enseña sobre Dios. Ambas cosas apuntan al hecho de que Dios es profundamente relacional y nos diseñó para que seamos de igual manera. Fuimos hechas para *yadá*. Fuimos creadas para ser profundamente conocidas y amadas por nuestro Creador. Fuimos creadas como seres sexuales para ser profundamente conocidas dentro de un matrimonio de pacto.

El sexo es un magnífico regalo de Dios. Si podemos aprender a verlo a través de la perspectiva de *yadá*, nos servirá mucho. Aprenderemos cómo valorarlo correctamente y practicarlo dentro del mejor contexto. Edificaremos nuestros matrimonios sobre una base de transparencia, vulnerabilidad y amor verdadero e íntimo.

No puedo vivir sin eso

Podemos vivir sin sexo, pero no podemos vivir sin una verdadera intimidad. Fuimos hechas para *yadá*. Fuimos creadas para una profunda intimidad con Jesús. Cuando nuestro corazón tiene una relación con Jesús que nos llena el alma, tenemos todo lo que necesitamos para crecer. Cuando *yadá* con Jesús se convierte en una parte central de nuestra existencia, vemos nuestra sexualidad a través de una perspectiva diferente. Comenzamos a darnos cuenta de que nuestra sexualidad nos permite comprender mejor la profundidad del amor de Cristo. Podemos ver que el sexo dentro del matrimonio es mucho más que hacer algo por inercia. Se trata de conocer profundamente a la persona con la que tenemos relaciones sexuales.

En lugar de buscar que un simple ser humano satisfaga los anhelos más profundos de tu corazón, desarrolla una relación íntima con tu Salvador. Búscalo con todo tu corazón. Fuiste hecha para la intimidad. Fuiste hecha para *yadá*.

Yadá para las mujeres solteras (BETHANY)

¿Qué tiene que ver "*yadá*" con las mujeres solteras? ¿Cómo puedes beneficiarte de esta enseñanza sobre la intimidad? Cuando aprendí por primera vez acerca de *yadá*, me impresionó por completo. Me encantaba que Dios usara la misma palabra para describir tanto su relación con nosotras como la intimidad sexual. Eso significa que las mujeres solteras no tienen que esperar hasta el matrimonio para experimentar *yadá*. En este momento puedes tener un profundo conocimiento de Dios. Él te creó para ser conocida con profundidad y para conocerlo con profundidad. Quiere tener una relación íntima contigo. Si te detienes a reflexionar en el tema, rápidamente te darás cuenta de que el sexo no es más que una metáfora que nos señala hacia nuestra necesidad más profunda de intimidad con Jesús. Lo más gratificante que podemos buscar no es una experiencia sexual alucinante, sino una relación auténtica con nuestro Salvador. La próxima vez que sientas un impulso sexual o te preguntes si alguna vez experimentarás intimidad sexual, permite que esos momentos te recuerden que tu verdadera necesidad es tener una relación con Jesús. Canaliza la energía que podrías gastar concentrada en el anhelo de intimidad sexual para conocer a Cristo en profundidad y encontrar tu máxima satisfacción en Él.

Yadá para las mujeres casadas (KRISTEN)

Como mencioné anteriormente, experimenté sexo por primera vez en mi noche de bodas con mi flamante esposo Zack. Éramos jóvenes y estábamos apasionadamente enamorados. Disfrutamos el excelente regalo de Dios de la intimidad sexual con emoción y asombro. Sin embargo, a medida que transcurrieron los meses y los años, comencé a notar un patrón distinto. Nuestra relación sexual era tan buena como nuestra relación emocional. Si Zack y yo nos sentíamos relacionalmente desconectados el uno del otro, nuestra vida sexual no era muy buena. Ahí me di cuenta de la importancia de *yadá* en el matrimonio.

El propósito de Dios para *yadá* en el matrimonio es atraer a las parejas a una intimidad física y emocional. Es un paquete con todo incluido. Según Greg Smalley: "La mejor experiencia sexual dentro del matrimonio ocurre cuando un cónyuge revela su ser interior y, en respuesta, se siente totalmente aceptado por su pareja. Este nivel de vulnerabilidad y aceptación puede ayudarte a experimentar la intimidad más intensa y profunda como esposo y esposa".[4] Esto es absolutamente real en mi matrimonio. Siempre que Zack y yo buscamos una conexión entre nosotros profundamente emocional y relacional, experimentamos una relación sexual más profunda. Cuanto más vulnerables, transparentes y cariñosos somos el uno con el otro, más nos entusiasma aceptarnos sexualmente.

El matrimonio prolifera cuando *yadá* está en el centro. Cuando el esposo y la esposa se conocen profundamente, el sexo se convierte en la expresión natural y hermosa de la intimidad que ya comparten.

---

4. Smalley, "Does 'Yada, Yada, Yada' in Your Marriage?".

8. PUREZA IMPERFECTA

Era una noche perfecta de septiembre. Yo (Kristen) acababa de terminar de jugar al voleibol de arena con un grupo de amigos y me dirigía a cenar. Como una gran aficionada de la gente, los deportes y la deliciosa comida, esta era mi forma ideal de pasar un viernes por la noche. Aunque la cena era deliciosa y los amigos eran una gran compañía, alguien específico cautivó mi corazón esa noche. El alto y bronceado Zachary Michael Clark estaba sentado a mi lado… y vaya si me gustaba Zack. Mis amigos me hacían bromas todo el tiempo. Sinceramente, no me importaban las bromas porque estaba bastante segura de que Zack estaba interesado en mí. No me había confesado sus sentimientos ni me había expresado su interés, pero estaba segura de que sucedería pronto.

Después que la cena terminó y los últimos autos se fueron, la conversación que había estado deseando desesperadamente con el hombre de mis sueños finalmente sucedió. Poco sabía que ese breve momento que pasé conversando con Zack sería el inicio de una relación que, al final, culminaría en matrimonio.

Es interesante para mí recordar esos primeros días cuando conocí a Zack. Con todo lo maravillosa que fue nuestra relación de noviazgo y la etapa del compromiso, no faltaron problemas. No faltaron conflictos inherentes a la relación. Necesitamos largas conversaciones y un proceso de aprendizaje. Muchas de esas conversaciones se referían a la pureza.

Durante nuestra relación de noviazgo, Zack y yo realmente deseábamos honrar a Dios. Ambos queríamos buscar la pureza en nuestra relación. Sin embargo, los motivos que nos llevaban a buscar la pureza no siempre fueron correctos. En lugar de buscar la pureza como resultado de un corazón que quería honrar a Dios, a menudo estábamos más focalizados en "seguir las reglas". A medida que nuestra relación progresaba, nos dábamos cuenta de cuán equivocados eran nuestros motivos. Poco a poco aprendimos que la verdadera pureza no se trataba de lo que se debe y no se debe hacer. No se trataba de quedar bien delante de los demás. No se trataba de enorgullecernos de nuestra abstinencia. Nos dimos cuenta de que debíamos estar motivados a buscar la verdadera pureza bíblica como resultado de nuestro deseo de honrar a Dios en todas las áreas de nuestras vidas, desde nuestras acciones hasta nuestros pensamientos y nuestras elecciones. La pureza bíblica es mucho más que obedecer una lista de reglas.

La pureza bíblica es mucho más que obedecer una lista de reglas.

El argumento equivocado sobre la pureza

Probablemente hayas escuchado las palabras *pureza* o *pureza sexual* en algún momento de tu vida. Tal vez las escuchaste de tu pastor, tus padres, tu novio o un libro que leíste. Según la manera en la que nos hayan criado, la pureza sexual puede significar algo diferente para cada una de nosotras. Si creciste en un hogar donde rara vez se hablaba de sexo y tus padres solo enfatizaban que no debías tener relaciones sexuales hasta el matrimonio, podrías tener una visión negativa de la pureza. Si te enseñaron que la pureza es lo más importante en la vida de una mujer, puedes verla como la virtud más noble que una mujer puede perseguir. Si te enseñaron que "el verdadero amor espera", pero luego tuviste relaciones sexuales antes de casarte, puedes sentir vergüenza cada vez que escuches la palabra pureza. Tal vez no te hayan enseñado nada sobre la pureza sexual, por lo que este es un concepto completamente nuevo para ti.

Sea cual sea la crianza que hayas tenido o tu perspectiva actual sobre la pureza, detengámonos a reflexionar en el significado de este término. Cuando nosotras, como mujeres imperfectas, adoptamos una visión de la pureza que no concuerda con la Palabra de Dios, puede ser muy perjudicial para nuestra vida.

Veamos algunos de los argumentos más comunes, pero falsos, que rodean la pureza en la actualidad.

Argumento equivocado #1: El sexo es algo malo y espantoso

No hables de sexo, no pienses en sexo y no te atrevas a tener sexo. El sexo está muy mal visto en este argumento de la pureza. Es un tema tabú en el que ni siquiera debes pensar hasta que te cases. Sin embargo, una vez que te casas, debes tener un cambio radical en tu perspectiva del sexo y abrir este hermoso regalo en tu noche de bodas. No es de extrañar que este argumento a menudo haga que muchas mujeres tengan una perspectiva horrible del sexo. El sexo pasa de ser algo espantoso y malo a ser algo repentinamente hermoso y bueno. Es un cambio difícil para cualquier mujer.

> El sexo nunca se debería ver como algo malo o espantoso.

Este argumento de pureza es completamente antiDios y no tiene ningún fundamento bíblico. El sexo nunca se debería ver como algo malo o espantoso. Si esta es tu perspectiva de la pureza, tu elección de abstenerse de tener relaciones sexuales tal vez esté enraizada en el temor. Y solo te llevará a preguntarte cosas como: *Si el sexo es tan malo y espantoso, ¿por qué Dios me creó con este anhelo? ¿Por qué me dio este deseo si está tan equivocado?*

En lugar de aceptar este argumento equivocado, debemos rechazarlo. No es bíblico, ni útil.

Argumento equivocado #2: Tu valor está basado en tu nivel de pureza

Imagina vivir una vida en la que siempre te tuvieras que esforzar para ganarte el amor de Dios. Cuando haces las cosas bien, actúas bien y te ves bien, Él te ama. Cuando haces las cosas mal, actúas mal y te ves mal, Él no te ama. Esta sería una forma horrible de experimentar el amor. Si tú, como mujer, tienes que demostrar lo que vales a través de tu desempeño o tus buenas acciones, esa no es una verdadera representación del amor. Es una relación condicional. El apóstol Pablo escribe: "Mas Dios muestra su amor para con nosotros, en que siendo aún pecadores, Cristo murió por nosotros" (Romanos 5:8).

Lamentablemente, muchas de nosotras vemos la pureza sexual desde una perspectiva similar. Igualamos nuestro valor para Dios con nuestro nivel de "pureza". En lugar de tomar decisiones por el deseo de amar y glorificar a Dios, tomamos decisiones porque tenemos una mentalidad basada en las obras. Creemos que necesitamos hacer algo para tener valor y credibilidad a los ojos de Dios.

Qué mensaje tan terrible y contrario al evangelio.

Dios no tiene sistemas de clasificación. No decide ciertas categorías de personas en función de quién ha vivido una vida "pura" y quién no. Si nosotras, como mujeres, podemos aumentar o disminuir lo que valemos, el evangelio no tiene sentido. La muerte de Jesús en la cruz no habría tenido sentido. Necesitamos recordar que cada una de nosotras somos totalmente imperfectas y necesitamos desesperadamente de Cristo y su perfección. Todas somos impuras ante Dios (ver Isaías 64:6). Todas necesitamos que su gracia salvadora y su perfecta justicia nos haga puras. En lugar de esforzarnos por ganarnos nuestro valor a través de nuestra pureza, aceptemos el valor que Cristo ya nos ha dado. No tenemos que ganárnoslo; Él nos lo da libremente.

Argumento equivocado #3: La pureza es solo para las personas solteras

No veo la hora de casarme. Ya no tendré que preocuparme por la pureza. Todos mis deseos sexuales serán satisfechos y ya no lucharé con ninguno de mis antiguos deseos o anhelos insatisfechos. Estos son los pensamientos de muchas mujeres solteras. Creen que la pureza es algo que se debe procurar antes del matrimonio.

Nada más lejos de la verdad.

Si nosotras, como mujeres, vemos la pureza desde la perspectiva de que es "solo para las solteras", estamos presuponiendo que el matrimonio resolverá todos nuestros problemas sexuales. Asumiremos que tener sexo nos estabilizará. Esperaremos que el matrimonio cure nuestras adicciones y tentaciones y nos haga la vida mucho más fácil. Nada más lejos de la verdad. El sexo no solucionará tus problemas. El matrimonio no erradicará tus adicciones.

> El sexo no solucionará tus problemas.

Por eso, la pureza no es solo para mujeres solteras, sino para todas las mujeres. Es muy importante recordar que la tentación sexual es una realidad para todas en cada etapa de la vida. Viene en diferentes formas y tamaños, pero es algo que siempre enfrentaremos. Si no aprendemos a ver la pureza como algo que debemos perseguir durante la soltería y después de la soltería, nos llevaremos una gran sorpresa. Solo piensa en cuántos matrimonios sufren adicciones a la pornografía, adulterio, lujuria y otros pecados sexuales. Las mujeres casadas necesitan la ayuda de Dios para buscar un corazón de pureza tanto como las solteras.

Ahora que hemos analizado los tres argumentos equivocados

que rodean la pureza, echemos un vistazo a lo que la Palabra de Dios realmente enseña.

Argumento bíblico: BUSCA LA PUREZA PORQUE TU CORAZÓN DESEA HONRAR A DIOS

Imagina que una mujer reconoce que es imperfecta, pero se esfuerza por honrar a Dios en su alma, mente y corazón. Sus acciones en privado y en público fluyen de un corazón totalmente dependiente de Cristo. Confía que Cristo la ayuda a luchar contra la tentación sexual y acepta el perdón de Dios cuando tropieza y cae. Sabe que es imperfecta. Entiende que necesita la fortaleza de Dios para ganar la batalla. Comprende que la pureza es mucho más que hacer cosas para valer más o quedar bien frente a otras personas. Comprende que su vida se trata de vivir para Cristo y ser santa como Dios es santo. Esta es la mujer que entiende la definición bíblica de pureza.

Si nosotras, como mujeres, queremos adoptar la pureza tal como Dios la diseñó, primero debemos reconocer que somos imperfectas. Por nosotras mismas, somos completamente impuras e incapaces de cambiar ese hecho. La Dra. Juli Slattery señala lo siguiente sobre la pureza sexual:

> El hecho es que ninguna de nosotras es cien por cien pura sexualmente: todas nos hemos perdido el 'plan A' de la perfección de Dios. Nuestra pureza según las Escrituras está determinada por la sangre de Jesucristo, no por nuestras elecciones sexuales. No hay algunas mujeres que necesitan a Jesús más que otras. Como dice la Biblia, todas hemos pecado y estamos 'sucias' delante de Dios. Solo la muerte expiatoria de Jesús en la cruz nos presenta sobrenaturalmente como una Novia pura e impecable.[1]

---

1. Dra. Juli Slattery, "Why the Word *Purity* is Cringy", Authentic Intimacy, 8 de noviembre de 2017, https://www.authenticintimacy.com/resources/6815/purity.

Ese debe ser nuestro punto de partida. Debemos reconocer nuestra necesidad de Jesús. Debemos aceptar su justicia perfecta en lugar de nuestras vidas imperfectas.

Una vez que hayas aceptado que eres imperfecta y que necesitas la perfección de Cristo, tu enfoque cambiará por completo. En lugar de esforzarte por cumplir con una norma de perfección inalcanzable, reconocerás tu necesidad de Jesús. Toda tu vida se trata de aceptar la gracia divina y caminar en esa nueva identidad. Ya no eres solo una mujer imperfecta. Eres una mujer imperfecta con un Salvador perfecto. Él te equipa para pelear la batalla. Te ofrece perdón una y otra vez. Te otorga su identidad como hija de Dios (ver Juan 1:12). El objetivo de tu vida es adorar a Dios por encima de todas las cosas. Primera de Pedro 1:15-16 dice: "Como aquel que os llamó es santo, sed también vosotros santos en toda vuestra manera de vivir; porque escrito está: Sed santos, porque yo soy santo".

Eres una mujer imperfecta con un Salvador perfecto.

La pureza sexual no se trata solo de decir "no" al sexo antes del matrimonio, sino de tomar cautivo cada pensamiento y de llevar una vida que refleje la santidad perfecta de tu Padre. Se trata principalmente de aceptar tu identidad como hija de Dios y esforzarte cada día en ser más como Él. Esa es la verdadera pureza. Esa es la identidad que Dios te ha llamado a adoptar.

Una hija de Dios

Sea cual sea el argumento que te hayan inculcado desde pequeña, esperamos que puedas ver que la verdadera pureza no se trata de alcanzar ningún estado de perfección. El objetivo de la pureza es entregar tu corazón, tu vida y tu sexualidad a Dios cada día para vivir para los propósitos de su reino. Se trata de usar tu cuerpo de una manera que esté en línea con tu identidad como hija de Dios. Por la gracia de Dios, Él te ha dado el poder de adoptar un corazón de pureza y santidad para su gloria.

Parte 3

Lo que toda joven necesita saber

9. LA BATALLA CONTRA LA TENTACIÓN

Cuando yo (Kristen) era una adolescente, sentía que todo el mundo estaba hablando del reciente estreno de una película en particular. Me encantaba ver películas como a cualquier joven, y me moría por disfrutar de ese entretenimiento. Además, esa película tenía como protagonista a algunos de los mejores actores de Hollywood, así que estaba segura de que sería excelente. Después de ver el avance en línea, mi entusiasmo se topó de repente con sentimientos de incomodidad. Sabía que mis padres no aprobarían que viera la película debido a su fuerte contexto de seducción y sensualidad. En el fondo de mi corazón, sabía que verla quizás no sería una "buena" decisión... pero aun así quería hacerlo.

Pasaron algunas semanas, y seguía leyendo y escuchando más sobre esta película. A esas alturas, sentía que era la única persona de la tierra que no la había visto.

En lugar de seguir adelante y olvidarme por completo de la película, seguí pensando en la misma todos los días. *Si tan solo pudiera verla. ¡Uf! ¿Por qué mis padres son tan anticuados?* Entonces se me ocurrió una idea. Había ideado un plan maestro. Quizás mis padres no tenían que enterarse de que vería la película. Tal vez no necesitaba contarles nada al respecto. Con ese pensamiento arraigado en mi mente, sonreí. Una vez que la película llegara a los comercios, la compraría y la vería en el secreto de mi habitación (esto era antes de que existiera la transmisión en línea, por supuesto). Nadie se enteraría. Mi plan era perfecto.

Apenas la película llegó a los comercios, allí estaba yo. La compré y la metí en el fondo de mi enorme bolso de cuero. Tarde aquella noche, cuando todos dormían, miré la película. Mi momento tan esperado había llegado.

Me desperté a la mañana siguiente con una mezcla de emociones. Aunque me había salido con la mía, no estaba satisfecha. Me sentía culpable. Sabía que las cosas que había visto en esa pequeña pantalla en la privacidad de mi habitación no eran buenas. No eran puras. No honraban a Dios. En lugar de estar contenta y a gusto con mi elección, me sentía avergonzada. Me sentía condenada por lo que había hecho.

A medida que el día avanzaba, poco a poco me fue invadiendo un pensamiento. *Debía ser sincera sobre lo que había hecho*. Había actuado a espaldas de mis padres y había visto algo que no aprobaban. No solo los había engañado, sino que, en el proceso, también había pecado contra Dios.

Aunque ceder a la tentación tuvo un dulce sabor en el momento, a la larga, no valió la pena.

¿Qué es la tentación?

La tentación es algo que todos los seres humanos enfrentamos con regularidad. Es parte de vivir en un mundo caído, tener un enemigo y nacer pecador. Dado que la tentación es tan frecuente en nuestras vidas, es crucial que tengamos una comprensión bíblica de qué es exactamente y cómo funciona. Según el pastor Steven J. Cole: "Cuando comprendemos cómo funciona la tentación, podemos idear una estrategia para tener victoria sobre esta. Estar prevenidos frente a la estrategia de Satanás es prepararnos de antemano. El

> Estar prevenidos frente a la estrategia de Satanás es prepararnos de antemano.
> —Steven J. Cole

patrón que usó para tentar a Eva es básicamente el mismo que usa hoy. Estudiar y aprender a reconocer ese patrón es no ignorar sus maquinaciones (2 Corintios 2:11) y, de esa manera, podemos resistirlo".[1]

Este es el objetivo de tratar de comprender cómo funciona la tentación: estar prevenidas para que podamos prepararnos de antemano. Cuando nos tomamos un tiempo para aprender cómo funciona la tentación, estamos mejor preparadas para la batalla. A ambas nos gusta la forma en que el teólogo puritano John Owen describe la tentación. Aunque escribió estas palabras hace más de trescientos años, continúan siendo relevantes para nosotras hoy: "La tentación, en general, es cualquier cosa que, por algún motivo, ejerza poder o influencia para seducir y alejar la mente y el corazón del hombre de la obediencia que Dios requiere de él para que cometa cualquier tipo de pecado".[2] Esto es exactamente lo que pensamos de la tentación hoy. La tentación aleja nuestro corazón y nuestra mente para que dejemos de glorificar a Dios y satisfagamos nuestros propios deseos pecaminosos. Nos anima a cuestionar la autoridad de Dios y considerar la posibilidad de un camino mejor. La tentación nos promete que, si solo le "damos un mordisco", encontraremos lo que realmente estamos buscando.

Antes de investigar cómo funciona la tentación, veamos primero seis conceptos bíblicos sobre la tentación para entenderla mejor.

SEIS CONCEPTOS BÍBLICOS SOBRE LA TENTACIÓN

1. TODAS ENFRENTAMOS TENTACIÓN EN ESTA TIERRA. NADIE ES INMUNE A ESTA (VER 1 CORINTIOS 10:13).

---

1. Steven J. Cole, "Lesson 8: How Temptation Works (Génesis 3:1-7)", Bible.org, consultado el 21 de septiembre de 2018, https://bible.org/seriespage/lesson-8-how-temptation-works-genesis-3:1-7.

2. John Owen, *Temptation: Resisted and Repulsed* (Carlisle, PA: The Banner of Truth Trust, 2007), pp. 10-11.

2. CRISTO PUEDE COMPADECERSE DE NOSOTRAS PORQUE FUE TENTADO CUANDO VIVIÓ EN LA TIERRA (VER HEBREOS 4:15).
3. LA TENTACIÓN NO ES EQUIVALENTE A PECAR. CRISTO FUE TENTADO, PERO NUNCA PECÓ (VER HEBREOS 4:15).
4. DIOS NO NOS TIENTA, PERO PERMITE QUE SEAMOS TENTADAS POR EL ENEMIGO Y POR NUESTRO PROPIO CORAZÓN PECAMINOSO (VER SANTIAGO 1:13-14).
5. TENEMOS UN ENEMIGO REAL QUE VINO A ROBAR, MATAR Y DESTRUIR NUESTRA VIDA. SU OBJETIVO ES ATRAERNOS AL PECADO Y ALEJARNOS DE DIOS (VER 1 PEDRO 5:8).
6. SE PUEDE RESISTIR LA TENTACIÓN. CRISTO VIVIÓ EN LA TIERRA, FUE TENTADO, PERO NUNCA PECÓ. COMO JÓVENES CRISTIANAS, JESUCRISTO NOS DA PODER PARA HACER LO QUE ÉL HIZO. TENEMOS LA VICTORIA A TRAVÉS DE CRISTO (VER MATEO 4:1-11).

Cómo funciona la tentación

Con respecto a cómo funciona la tentación, la Biblia lo explica de manera simple y clara. Según Santiago 1:13-15: "Cuando alguno es tentado, no diga que es tentado de parte de Dios; porque Dios no puede ser tentado por el mal, ni él tienta a nadie; sino que cada uno es tentado, cuando de su propia concupiscencia es atraído y seducido. Entonces la concupiscencia, después que ha concebido, da a luz el pecado; y el pecado, siendo consumado, da a luz la muerte".

Lamentablemente, la historia de Eva es uno de los ejemplos más claros de lo que explica este versículo llevado a la vida real. Eva hizo exactamente lo que el versículo dice que no hay que hacer. Permaneció voluntariamente en presencia de la tentación, escuchó las mentiras del enemigo, consideró las palabras engañosas de la serpiente, y luego decidió comer del fruto.

Sin embargo, Eva no es la única que hizo esto. Todos los días, millones de mujeres (nosotras dos incluidas) hacemos exactamente lo que hizo Eva. Escuchamos, consideramos, aceptamos y creemos las mentiras del enemigo y cedemos a la tentación. Tomamos ese fruto jugoso (pornografía, masturbación, material erótico, adulterio, sexo antes del matrimonio, etc.), damos un mordisco a su oferta de placer, lo tragamos y luego sentimos el dolor y el quebranto de ese pecado. El sabor se vuelve amargo en nuestra boca y quisiéramos poder escupirlo, pero no podemos.

Piensa en lo que sucede cuando eres tentada a pecar sexualmente. Tal vez sientas la fuerte tentación de mirar pornografía. Parece muy gratificante en el momento, pero sabes que siempre te deja con ganas de más. Tal vez estás acostada en la cama cuando, de repente, te sobreviene el deseo de masturbarte. Promete darte alivio en el momento, pero la satisfacción de ese acto nunca dura. Quizás veas a un surfista en la playa y tengas la tentación de fantasear con él. Disfrutas de codiciar su cuerpo, pero te sientes vacía cuando pasa el momento del placer. Cualquiera que sea la tentación, cada una comienza con un pensamiento o deseo inicial. Quieres, miras y consideras. La tentación te ofrece un fruto jugoso con una seductora promesa de satisfacción, pero te deja vacía y rota por dentro.

> *Escuchamos, consideramos, aceptamos y creemos las mentiras del enemigo y cedemos a la tentación.*

En lugar de seguir enfrentando la tentación con las manos vacías, necesitamos estar armadas con alguna munición. Necesitamos entender cómo funciona la tentación para poder pelear la batalla de una manera más bíblica y eficaz. Vamos a utilizar Santiago 1, así como la historia de Eva, para describir el proceso de la tentación en tres pasos. Esto te mostrará claramente cómo funciona la tentación y te preparará para detectarla en el momento en que se presente en tu vida.

EL PROCESO DE TRES PASOS DE LA TENTACIÓN

Paso 1: Escuchar

Piensa en lo que le sucedió a Eva el día que comió el fruto prohibido (ver Génesis 3:6). Ella sabía exactamente dónde estaba ese árbol en el Huerto. En lugar de evitarlo, caminó hacia él. Permaneció en su presencia y escuchó la voz de la serpiente (ver v. 5). Permitió que Satanás avivara la llama de su deseo por algo prohibido. Mientras más escuchaba, mayor era su deseo.

En ese momento de tentación inicial, Eva podría haber salido corriendo. Podría haber huido de la presencia de Satanás, pero no lo hizo. En cambio, permaneció en su presencia y permitió que Satanás la atrajera con el engaño de sus planes malvados. Eva escuchó sus deseos y permitió que sobrepasaran lo que sabía que era lo correcto porque Dios se lo había dicho. En cierto sentido, siguió lo que le dictó su corazón.

El primer paso de la tentación es escuchar tus deseos. El deseo de un poco más. El deseo de algo diferente. El deseo de satisfacción. El deseo de placer. Cuando el deseo se presenta (ya sea internamente, en nuestros pensamientos o, externamente, por alguien o algo), tenemos una opción. Podemos escuchar al deseo y avivarlo o podemos apagarlo y salir corriendo. Santiago señala que "cada uno es tentado, cuando de su propia concupiscencia es atraído y seducido" (1:14). Eva se dejó seducir y tentar. Ese fue su primer error. Como Nancy Wolgemuth explica muy bien: "El primer error de Eva no fue comer del fruto, sino escuchar a la serpiente".[3]

Piénsalo de esta manera. Conoces a un joven muy simpático en una cafetería y te das cuenta de que ambos tienen muchos intereses en común. Pasan algunas semanas y se intercambian sus números de teléfono. Pasan unas pocas semanas más y comienzan a enviarse mensajes de texto de manera regular.

3. Nancy DeMoss Wolgemuth, *Mentiras que las mujeres creen y la verdad que las hace libres* (Grand Rapids: Portavoz, 2018), p. 41.

Una noche, te envía un mensaje de texto y te pide algunas fotos. Sabes lo que quiere. Quiere que le envíes algunos desnudos. Te quedas mirando el mensaje y relees sus palabras al parecer dulces una y otra vez. Piensas en el hecho de que él quiere verte. Cuanto más escuchas tus pensamientos, más consideras enviarle las fotos.

Cuando escuchamos a la tentación, damos nuestro primer paso equivocado. Una vez que permitimos que un deseo permanezca en nuestra mente, comenzamos a considerar lo que estamos escuchando. En lugar de arrancar de raíz la tentación, permitimos que nos lleve directamente al paso dos en el proceso de tres pasos de la tentación.

Paso 2: Considerar

Cuando te detienes a pensar en la palabra *considerar*, te das cuenta de que es exactamente lo que Eva hizo en el Huerto. Después de ver a la serpiente en el árbol, entabló una conversación con ella. "La cual (serpiente) dijo a la mujer: ¿Conque Dios os ha dicho: No comáis de todo árbol del huerto? Y la mujer *respondió* a la serpiente..." (Génesis 3:1-2). ¿Te diste cuenta? Eva respondió. Escuchó lo que la serpiente estaba diciendo y *consideró* sus palabras. No huyó de ella. Hablo con ella. Se dejó seducir por su oferta.

La tentación siempre funciona de esta manera. Comienza poco a poco. Nos hace pensar. Cuestionar. Reconsiderar lo que Dios podría haber dicho. La tentación se presenta como la oferta de algo que necesitamos para ser felices. Apela a nuestros deseos carnales ocultos. Cuanto más nos permitimos considerar la tentación y pensar en lo maravillosa que puede ser, más caemos en ella.

Imagínalo de esta manera. Estás en tu habitación tarde en la noche y te sobreviene el fuerte deseo de mirar pornografía. Permites que el pensamiento permanezca en tu mente y luego tomas tu teléfono celular. Miras fijamente la pantalla en negro y comienzas a imaginarte lo gratificante que sería solo echar un vistazo. En el fondo de tu corazón, sabes que la pornografía es un acto malo y pecaminoso, pero el deseo de mirar es muy fuerte. En lugar de dejar el teléfono y resistir la tentación, te permites seguir mirando y desplazarte por las aplicaciones. Consideras el deseo cada vez más. Antes que te des cuenta, han pasado varios minutos y ahora estás sumida en la agonía del pecado.

Considerar la tentación casi siempre conduce directamente al paso tres en el proceso de tres pasos de la tentación.

Paso 3: Aceptar

El fruto se veía delicioso. Eva se quedó allí el tiempo suficiente para oler su aroma. Quería probarlo. Escuchó a la serpiente el tiempo suficiente para dejarse engañar por sus astutas palabras.

Un pequeño paso cada vez hasta que, al final, Eva aceptó las palabras de Satanás por encima de las de Dios. Después de detenerse en presencia del fruto, le dio un mordisco. Comió. Después de probar el fruto, le dio a comer a su esposo, y él también comió (ver Génesis 3:6). La acción ya estaba hecha. Había cedido a la tentación. Había creído la mentira. Paso a paso, el pecado se había consumado, "De estos malos deseos nace el pecado; y del pecado, cuando llega a su completo desarrollo, nace la muerte" (Santiago 1:15, DHH).

Aceptar la oferta es el paso final en el proceso de tres pasos de la tentación.

Lo que comienza como un pensamiento, una mirada, un deseo, al final se convierte en la aceptación de esa tentación. En su artículo "Las cuatro etapas de la tentación", Dan Armstrong lo explica de la siguiente manera:

> Ahora, después de dar lugar a tus deseos, te acercas cada vez más al momento de la indulgencia, y luego lo haces. Te das el gusto. El espacio entre la concepción y el nacimiento puede llevar un día, horas o tal vez solo unos minutos; pero el

> nacimiento es lo que sigue naturalmente a la concepción. Esta es la próxima etapa de lo que Santiago llama el nacimiento del pecado. Cedemos por completo a la tentación y comenzamos a mirar pornografía o a tener cualquier comportamiento sexual pecaminoso.[4]

La mayoría de nosotras no pasamos del simple deseo a aceptar el fruto de un momento a otro. Suele ser un proceso. Al igual que Eva, damos un pequeño paso cada vez. Escuchamos o prestamos oído, consideramos en nuestro corazón y tomamos una decisión que, al final, conduce al pecado.

Resultado: El pecado

Ceder a la tentación siempre resulta en pecado. Rechazamos la Palabra de Dios de alguna manera. En el mundo de Eva, el pecado era algo inaudito. Nadie había pecado contra Dios. Cuando el pecado entró en el mundo por primera vez, la muerte también entró en escena. "Y el pecado, siendo consumado, da a luz la muerte" (Santiago 1:15). Adán y Eva ya no vivirían en cuerpos perfectos. Tarde o temprano morirían, y el mundo entero ahora sigue sus pasos.

Dan Armstrong escribe: "Ahora sabemos que la paga del pecado es la muerte en un sentido extremo: esta es la consecuencia del pecado que Dios nos advirtió hace mucho tiempo antes que nuestros primeros padres pecaran en el Edén. Sin embargo, en la Biblia, la muerte no es solo la última parada de la vida. Es una palabra que se usa para describir todo el proceso de decadencia y miseria como consecuencia del pecado".[5]

Piensa en lo que sucede después que cedes a la lujuria. ¿Esa acción te trae vida? ¿Te trae una satisfacción duradera? ¿Sacia tu máximo deseo de paz y alegría? Podría hacerlo por un

4. Dan Armstrong, "The 4 Stages of Temptation", covenanteyes.com, 26 de febrero de 2016, http://www.covenanteyes.com/2016/02/26/the-four-stages-of-temptation/.

5. Armstrong, "The 4 Stages".

momento fugaz, pero a la larga no satisface. No puede saciar, sino todo lo contrario. Te deja peor de lo que estabas antes. Después de hacerlo te sientes rota, deprimida, sola, culpable, avergonzada, y desearías nunca haber cedido.

Es muy importante recordar que la tentación nunca nos muestra el resultado final —el pecado y las consecuencias— cuando se presenta por primera vez. Si así fuera, nunca cederíamos a la tentación. La evitaríamos y huiríamos. En cambio, la tentación siempre viene envuelta en una atractiva cobertura de mentiras. Es astuta, engañosa y está llena de promesas que no puede cumplir. Entender el resultado de ceder a la tentación debería no solo hacernos reflexionar, sino también considerar el resultado final.

En lugar de centrarnos en los placeres momentáneos que la tentación nos ofrece, debemos estar atentas y pensar detenidamente en los tres pasos del proceso. Recordemos lo que sucede como resultado de ceder a la tentación. Si estamos dispuestas a considerar el proceso completo y reconocer con toda sinceridad el resultado del pecado, será más fácil detectar y evitar la tentación.

Ella quiso y él se resistió

Hemos hablado mucho sobre Eva y el resultado de sus acciones. Quiso el fruto y la libertad que pensó que le ofrecía. Dio cada paso en el proceso de la tentación y terminó por morir, tanto espiritual como físicamente. Su vida y su mundo se hundieron en una ruina total después que cayó en la tentación.

Hay otro personaje de la Biblia que también fue tentado al máximo. Sin embargo, este personaje hizo exactamente lo contrario que Eva. En lugar de considerar el deseo, este hombre huyó de este. Si alguna vez escuchaste la historia de José en el Antiguo Testamento, quizás sepas exactamente de qué estamos hablando. Enfrentó una fuerte tentación, pero no cedió a esta (puedes leer la historia completa en Génesis 39).

Después de una serie de sucesos, José se convirtió en un

esclavo en Egipto. Era un esclavo acomodado porque trabajaba para Potifar, el capitán de la guardia del palacio. Una tarde, la esposa de Potifar (una mujer de gran poder e influencia) hizo una oferta tentadora a José. Esta mujer veía a José como todo un galán y quería tener sexo con él. La esposa de Potifar elaboró un plan estratégico y despachó a todos sus criados por la tarde para asegurarse de que la casa estuviera vacía. Cuando José entró a la casa para hacer su trabajo, solo estaba allí la esposa de Potifar, quien tomó a José por la ropa y le rogó que se acostara con ella. Estaba desesperada por satisfacer su lujuria sexual con José. En lugar de ceder y obedecer a la esposa de su amo, José eligió honrar al Señor y dijo: "No hay otro mayor que yo en esta casa, y ninguna cosa me ha reservado sino a ti, por cuanto tú eres su mujer; ¿cómo, pues, haría yo este grande mal, y pecaría contra Dios?" (Génesis 39:9). José evadió la escena y huyó de la tentación. No permitió que sus deseos pecaminosos entraran en acción. No se quedó allí parado y permitió que ella lo sedujera. No consideró los placeres momentáneos de la lujuria. No. Hizo lo contrario. Literalmente, huyó de la tentación. José huyó de esa mujer sin mirar atrás.

José huyó de esa mujer sin mirar atrás.

Años más tarde, Dios usó a José para salvar a los israelitas de la hambruna. La fidelidad de José a Dios dio como resultado que, literalmente, miles de personas se salvaran de morir de hambre. Qué resultado tan diferente al de la decisión de Eva. Una decisión trajo la muerte, y la otra trajo la vida. Eva y José enfrentaron la misma opción: ceder a la tentación y la carne o resistirse a estas y honrar a Dios.

Huye de la tentación

Piensa en tu propia vida. ¿Cuándo fue la última vez que cediste a la tentación sexual? Cuando la tentación se presentó por primera vez, ¿qué hiciste? ¿Cómo fue ese proceso? ¿Estabas sola? ¿Estabas con un grupo de amigos? ¿Estabas haciendo algo que sabías que tenía el potencial de provocar una tentación? Al mirar atrás a esa situación específica, piensa en lo que podrías haber hecho de manera diferente. ¿Cómo pudiste haber resistido la tentación?

Cuanto más entiendas el proceso de cómo has cedido a esa tentación, más fácil te será detectar la tentación en el futuro.

Estas son algunas maneras como puedes huir de la tentación la próxima vez que suceda.

SI ERES TENTADA A ENVIAR FOTOS DE TU CUERPO DESNUDO A UN HOMBRE, BORRA TU MENSAJE Y LLAMA A UNA MUJER PIADOSA PARA QUE TE AYUDE. NO TE QUEDES PENSANDO EN ESE MENSAJE. HUYE DE ESE MENSAJE.

SI ERES TENTADA A MIRAR PORNOGRAFÍA EN LÍNEA, CIERRA INMEDIATAMENTE TU DISPOSITIVO. NO TE PERMITAS NAVEGAR POR LA WEB. HUYE DE LA PORNOGRAFÍA.

SI TU NOVIO TE ESTÁ TENTANDO CONSTANTEMENTE A QUE TENGAS SEXO CON ÉL, TERMINA LA RELACIÓN. NO ACEPTES ESE TIPO DE PRESIÓN EN TU VIDA. HUYE DE ESA PRESIÓN.

SI ERES TENTADA A LEER MATERIAL ERÓTICO, DESHAZTE DE TODO TIPO DE MATERIAL ERÓTICO QUE POSEAS Y TÍRALO A LA BASURA O BÓRRALO. NO LO GUARDES EN NINGÚN LUGAR. HUYE DE ESE MATERIAL.

En todo esto, recuerda que estar prevenida es estar preparada de antemano. Esperamos que la lectura de este capítulo te haya preparado y equipado para huir de la tentación sexual. No hagas lo mismo que Eva, sino lo contrario. Sal corriendo. Huye de ese deseo lujurioso. Huye de su oferta tentadora sin mirar atrás.

10. LA LUCHA SECRETA DE LA MENTE

Fantasear era mi especialidad (de Bethany). Me acostaba en la cama por la noche y fantaseaba con muchachos durante horas. Fantaseaba con besar. Fantaseaba con el sexo. Imaginaba un romance perfecto, y que yo era la estrella de ese cuento de hadas.

No fue hasta que llegué al final de la adolescencia que comencé a ver la falsedad de mis fantasías. Estaba viviendo una vida pura por fuera, pero por dentro me costaba serlo. Mis acciones externas no eran un verdadero reflejo de mi corazón. Necesitaba comenzar a vivir la pureza desde mi interior hacia el exterior.

Gracias a Dios que Él sabía lo que yo necesitaba en esa etapa de mi vida. Terminé por leer un libro cristiano que trataba exactamente lo que me estaba sucediendo. El autor hablaba sobre la necesidad de tener un corazón puro y una conducta pura. Mis pensamientos debían rebosar de amor por Jesús, no estar dominados por fantasías sexuales.

El libro terminaba con varios puntos de aplicación práctica. Fue valiosísimo para mí. Necesitaba la verdad, pero también la aplicación práctica. Lento pero seguro comencé a tomar decisiones que surtieron efecto desde mi interior hacia el exterior Mi corazón estaba siendo transformado y reconocí la necesidad de vivir una vida pura tanto en mis pensamientos como en mis acciones.

Bien por fuera, mal por dentro

Mientras escribíamos este libro, rápidamente nos dimos cuenta de que no somos las únicas que luchamos con la pureza interior. No somos las únicas que hemos tenido una buena imagen por fuera, pero nos costaba mantenernos puras por dentro. Esto es lo que algunas de ustedes dijeron sobre su lucha interna:

"Mantener mis pensamientos puros es lo más difícil de buscar la pureza". —Hailey

"Nunca experimenté una intensa tentación por la pureza física, pero la batalla por la pureza en mi mente y mi corazón es constante. En el pasado, me costó mucho mantener mis pensamientos puros y honrosos delante de Dios y los hombres de mi vida en medio de un mundo saturado de sexo". —Jasmin

"Creo que a un muchacho puedo decirle fácilmente que no al acto físico. Sin embargo, en mi mente, ese muchacho y yo ya hemos ido mucho más lejos de lo debido antes de casarnos". —Morgan

"Es muy fácil dejar que mi mente divague. Empiezo a imaginar escenas y poco a poco dejo que los hechos se desarrollen. Necesito aprender a llevar cautivo todo pensamiento a la obediencia a Cristo". —Janice

La batalla por la pureza interior es algo que muchas de nosotras enfrentamos a diario. Nos resulta fácil decir "no" al acto físico, pero nos cuesta honrar a Cristo con nuestros pensamientos. Podríamos dar una buena imagen por fuera, pero no es un reflejo exacto de lo que somos por dentro.

> La batalla por la pureza interior es algo que muchas de nosotras enfrentamos a diario.

Recientemente, yo (Kristen) hablé con una joven que estaba lidiando exactamente con este problema. Todos a su alrededor pensaban que era increíblemente piadosa y la tenían como un ejemplo de pureza. Sus padres se jactaban de ella delante de sus amistades. Sin embargo, cada vez que sus padres hablaban con otros acerca de cuán piadosa y pura era su hija, ella quería correr y llorar. Sabía que su corazón no era puro. Parecía una buena joven cristiana por fuera, pero por dentro estaba cediendo a la lujuria. Solo ella conocía la realidad de sus luchas.

Como mujeres cristianas, es posible que nos resulte difícil admitir nuestras luchas internas cuando todos a nuestro alrededor piensan que tenemos una conducta intachable. Puede ser difícil abrirse y pedir ayuda cuando las personas que nos rodean admiran nuestra "piedad".

Yo (Bethany) recuerdo haber sentido la misma lucha. Como una joven cristiana que parecía tener una buena imagen por fuera, me avergonzaba demasiado ser transparente sobre lo que me sucedía en verdad. Por mucho que quisiera mantener mi pecado en secreto, sabía que no estaba siendo sincera. También sabía que Dios veía hasta lo más profundo de mi corazón y que nada le estaba oculto.

Dios lo sabe todo

A veces puede ser fácil fingir que somos mejores de lo que realmente somos. Nos engañamos fácilmente a nosotras mismas y engañamos a los demás cuando les hacemos pensar que nos conocen. Los demás no pueden ver dentro de nosotras, por lo que no saben si realmente estamos bien o si estamos luchando. Sin embargo, mantener nuestras luchas internas en secreto no es de ayuda para nosotras y tampoco lo es para quienes intentan ayudarnos. Y la realidad es que Dios ya sabe todo sobre nosotras (ver Salmo 38:9). Él conoce la condición de nuestro corazón. Él ve nuestras luchas. Es consciente de cada pensamiento de nuestra mente. No se sorprende por nuestras buenas o malas acciones.

> Tú has conocido mi sentarme y mi levantarme;
> Has entendido desde lejos mis pensamientos.
> Has escudriñado mi andar y mi reposo,
> Y todos mis caminos te son conocidos.
> Pues aún no está la palabra en mi lengua,
> Y he aquí, oh Jehová, tú la sabes toda (Salmo 139:2-4).

Cuando se trata de la lucha por nuestra pureza interior, puede que nos resulte difícil evaluar cuánto estamos luchando. Las acciones externas son fáciles de medir. Los pensamientos, los deseos, las emociones y los anhelos son mucho más difíciles de cuantificar. Esta es una de las razones por las que es tan fácil mantener en secreto nuestras luchas internas.

Dios ya sabe todo sobre nosotras.

Usa las tablas de medición de la página siguiente e indica cuánto estás luchando con cada problema.

Un examen sincero sobre tu lucha secreta

1. IMAGINAR Y SOÑAR EN MI MENTE CON EL SEXO

   1 . . . . 2 . . . . 3 . . . . 4 . . . . 5 . . . . 6 . . . . 7 . . . . 8 . . . . 9 10

   No lucho   Lucho bastante

2. INVENTAR HISTORIAS DE FANTASÍAS SEXUALES

   1 . . . . 2 . . . . 3 . . . . 4 . . . . 5 . . . . 6 . . . . 7 . . . . 8 . . . . 9 10

   No lucho   Lucho bastante

3. SOÑAR DESPIERTA QUE ESTOY CASADA Y TENGO RELACIONES SEXUALES CON MI FUTURO ESPOSO

   1 . . . . 2 . . . . 3 . . . . 4 . . . . 5 . . . . 6 . . . . 7 . . . . 8 . . . . 9 10

   No lucho   Lucho bastante

4. SOÑAR DESPIERTA QUE TENGO RELACIONES SEXUALES CON EL ESPOSO DE OTRA PERSONA

   1 . . . . 2 . . . . 3 . . . . 4 . . . . 5 . . . . 6 . . . . 7 . . . . 8 . . . . 9 10

   No lucho   Lucho bastante

5. REVIVIR EN MI MENTE EXPERIENCIAS SEXUALES QUE HE VISTO HACER A OTROS

   1 . . . . 2 . . . . 3 . . . . 4 . . . . 5 . . . . 6 . . . . 7 . . . . 8 . . . . 9 10

   No lucho   Lucho bastante

6. BESARME CON MI ENAMORADO O NOVIO EN MI MENTE

   1 . . . . 2 . . . . 3 . . . . 4 . . . . 5 . . . . 6 . . . . 7 . . . . 8 . . . . 9 10

   No lucho   Lucho bastante

7. ESCRIBIR HISTORIAS SEXUALMENTE EXPLÍCITAS

   1 . . . . 2 . . . . 3 . . . . 4 . . . . 5 . . . . 6 . . . . 7 . . . . 8 . . . . 9 10

   No lucho   Lucho bastante

8. MIRAR PROGRAMAS O PELÍCULAS QUE ALIMENTAN MIS PASIONES SEXUALES

   1 . . . . 2 . . . . 3 . . . . 4 . . . . 5 . . . . 6 . . . . 7 . . . . 8 . . . . 9 10

   No lucho   Lucho bastante

9. ESCUCHAR MÚSICA CON CONTENIDO SEXUAL

   1 . . . . 2 . . . . 3 . . . . 4 . . . . 5 . . . . 6 . . . . 7 . . . . 8 . . . . 9 10

   No lucho   Lucho bastante

10. FINGIR UNA VIDA PURA POR FUERA MIENTRAS POR DENTRO ME CUESTA MANTENERME PURA

    1 . . . . 2 . . . . 3 . . . . 4 . . . . 5 . . . . 6 . . . . 7 . . . . 8 . . . . 9 10

    No lucho   Lucho bastante

Una vez que hayas marcado cada una de tus respuestas, presenta esta lista ante Dios en oración. Recuerda que Él ya conoce tus luchas. No le sorprenden. Confiesa tus luchas internas a Él y pídele perdón. Pídele que te ayude a buscar la pureza en estas áreas secretas de tu corazón. Pídele que te fortalezca en lo profundo de tu ser. Veremos con más detalle cómo aplicarlo prácticamente en tu vida al final de este capítulo.

ENTENDER LO PROFUNDO DE TU CORAZÓN

Si queremos una libertad genuina de nuestras luchas secretas, debemos conocer la visión bíblica del corazón. Debemos saber cómo diseñó Dios que seamos en nuestro interior. Para luchar contra nuestros pecados secretos de manera más eficaz, debemos comprender mejor dónde se desarrolla la lucha dentro de nosotras. ¿La lucha tiene lugar en nuestros pensamientos? ¿Qué hay de nuestro corazón? ¿Qué papel desempeñan las emociones? ¿Solo necesito dejar de hacer ciertas cosas? ¿Cómo puedo amar a Dios con todo mi corazón cuando mi corazón está luchando? ¿Qué hay de mi voluntad? ¿Tengo alguna opción en todo esto? La consejera bíblica, Elyse Fitzpatrick, señala que cuando la Biblia se refiere al corazón, hace referencia a las tres partes principales de nuestro ser interior: la mente, los sentimientos y la voluntad. Lo desglosa de la siguiente manera:

La mente

El término *corazón* se refiere primero a nuestra mente, que incluye nuestros pensamientos, creencias, entendimiento, recuerdos, juicios, conciencia y discernimiento (ver 1 Reyes 3:12; Mateo 13:15; Lucas 24:38; Romanos 1:21; 1 Timoteo 1:5).

Los sentimientos

Otra parte de nuestro ser interior o corazón son nuestros sentimientos. Nuestros sentimientos incluyen nuestros deseos, emociones, imaginación y sensibilidad (ver Deuteronomio 28:47; Josué 14:8; 1 Samuel 1:8; Salmo 20:4; 73:7; Santiago 3:14).

La voluntad

La tercera manera como funciona nuestro corazón es por medio de la voluntad. La voluntad es la parte de nuestro ser interior que elige o determina las acciones que realizamos. La mente y los sentimientos comunican a la voluntad el mejor modo de actuar, y luego la voluntad lo lleva a la práctica (Deuteronomio 30:19; Josué 24:15; Salmo 25:12; Isaías 7:15).[1]

Cuando pensamos en nuestras propias luchas internas, podemos pensar que suceden dentro del contexto de nuestra mente, nuestros sentimientos y nuestra voluntad. Fitzpatrick lo describe de esta manera: "Tu mente comunica a tus sentimientos la fuente de tu mayor felicidad; tus sentimientos lo imaginan, hacen que lo anheles y tengas el ímpetu necesario para despertar tu voluntad de elegir".[2]

Si nuestra mente se detiene en pensamientos de lujuria, solo alimentará sentimientos de lujuria. Cuanto más pensemos en esos pensamientos de lujuria, más los anhelaremos. Cuanto más los anhelemos, más fácil será reproducirlos una y otra vez en nuestra mente. Para cambiar este patrón y comenzar a vivir puras desde nuestro interior hacia el exterior,

> Si nuestra mente se detiene en pensamientos de lujuria, solo alimentará sentimientos de lujuria.

1. Elyse Fitzpatrick, *Idols of the Heart: Learning to Long for God Alone* (Phillipsburg, NJ: P&R, 2016); pp. 104-107. Publicado en español por Poiema Publicaciones con el título *Ídolos del corazón: Aprendiendo a anhelar solo a Dios*.

2. Fitzpatrick, *Idols*, pp. 104-107.

debemos alimentar nuestra mente con verdades centradas en Cristo. Cuanto más llenemos nuestra mente con pensamientos puros, más desearán nuestros sentimientos cosas piadosas. Cuanto más anhelen nuestros sentimientos a Cristo y su justicia, más lo elegiremos por encima de nuestras fantasías.

Dado que tu corazón abarca tu mente, tus sentimientos y tu voluntad, es importante ver tu ser interior teniendo presentes los tres aspectos. Cuando te esfuerzas por hacer un cambio en las áreas secretas de tu vida, es muy importante que comprendas todo el espectro de quién eres en tu ser interior para que puedas buscar un cambio real y duradero.

Recuerda que en todo esto tu objetivo no es solo alcanzar un estado de pureza, sino también enfatizar en toda tu vida, interna y externa, el primero y más grande mandamiento de la Biblia: "Amarás al Señor tu Dios con todo tu corazón, y con toda tu alma, y con toda tu mente. Este es el primero y grande mandamiento" (Mateo 22:37-38). Amar al Señor tu Dios con todo tu corazón, con toda tu alma y con toda tu mente es el objetivo para lograr la pureza interior.

ESTRATEGIAS PARA GANAR LA LUCHA INTERNA

Cuando yo (Bethany) comencé a darme cuenta de mi lucha interna por la pureza, supe que necesitaba un plan de batalla específico para obtener la victoria. Voy a darte a conocer cinco estrategias bien específicas y prácticas que puse en acción para ayudarme con mis luchas internas. Estas estrategias me llevaron a amar a Cristo con todo mi corazón, con toda mi alma y con toda mi mente.

Depurar

Es muy importante depurar tu vida de todo lo que no te está ayudando en tu lucha por la pureza interior (ver Salmo 32:5). Recuerda que tu mente es uno de los aspectos clave de tu corazón. Si alimentas tu mente con contenido inmoral e impuro, seguirás luchando. Tómate en serio la necesidad de tomar esto en serio. Pon en práctica tu deseo de buscar la pureza y depura todo contenido que no sea de ayuda para tu vida.

> Recuerda que tu mente es uno de los aspectos clave de tu corazón.

Para depurar elementos de mi vida, hice algunas cosas. Tomé una gran bolsa negra y fui a mi habitación. Evalué seriamente todo lo que había allí. Revisé mis libros, películas, música, revistas, ropa, etc., y puse todo lo que era un obstáculo para mí en la bolsa de basura. Aunque solo fuera un pequeño obstáculo, me deshice del mismo. Luego tomé esa bolsa, la saqué a la calle y la tiré a la basura. Ya no quería ninguna de esas cosas en mi habitación.

Luego abrí mi teléfono celular y mi computadora. Revisé todas mis aplicaciones, medios de comunicación social y suscripciones, y eliminé todo lo que no fuera de ayuda para mí. Dejé de seguir a otras personas, cancelé mi subscripción de envío de correos electrónicos y eliminé música, programas y cualquier cosa que no me ayudara en mi lucha por la pureza.

Si te tomas en serio la lucha por la pureza interior, tómate en serio la depuración. No dejes nada que sea siquiera una ligera tentación. Deshazte de todo y no mires atrás.

Estudiar

Estudiar la Palabra de Dios por ti misma es esencial en tu lucha por la pureza interior. La Biblia es diferente a cualquier otro libro de la tierra. Es la Palabra inspirada por Dios, que Él nos ha dado para que sepamos lo que es correcto y verdadero. Según la Biblia: "Toda la Escritura es inspirada por Dios, y útil para enseñar, para redargüir, para corregir, para instruir en justicia, a fin de que el hombre de Dios sea perfecto, enteramente preparado para toda buena obra" (2 Timoteo 3:16-17).

Leer la Biblia a menudo puede parecer una tarea titánica. Es un libro enorme y tiene muchas partes diferentes. Está dividido en el Antiguo y Nuevo Testamento, y está lleno de historia, poesía, profecía, sabiduría y mucho más. Entonces, ¿por dónde deberías empezar?

Felizmente, no hay un método perfecto para leer la Biblia. Hay muchas maneras excelentes y útiles de estudiarla. Si tienes un programa actual de lectura de la Biblia que te dé buen resultado, quédate con eso. Si necesitas una sugerencia, te recomiendo comenzar con el libro de Proverbios. Es un libro pequeño, de solo treinta y un capítulos, lleno de sabiduría práctica. Dado que un mes del calendario, por lo general, tiene treinta y un días, es fácil leer un capítulo al día.

Toma tu Biblia (o usa una gratis en línea) y abre el libro de Proverbios. Lee el capítulo que coincide con el día del calendario de hoy. Si es el día 15, lee Proverbios 15. Si es el día 29, lee Proverbios 29. Es así de simple. Haz esto todos los días durante los próximos treinta y un días como una excelente manera de comenzar a estudiar la Biblia.

Memorizar

Leer la Palabra de Dios y memorizar diferentes pasajes de las Escrituras es una de las mejores maneras de renovar tu mente (ver Romanos 12:2). Es muy gratificante apartar nuestros pensamientos de las distracciones de la vida y, en cambio, concentrarnos por completo en Dios. Cuando memorizas algo, se vuelve fácilmente accesible en cualquier momento y en cualquier lugar. Memorizar las Escrituras significa que puedes llevar la Palabra de Dios contigo dondequiera que vayas.

Gracias a mis padres, desde niña he memorizado muchos versículos de la Biblia. Al tener experiencia personal en esta área, puedo decir que memorizar las Escrituras realmente vale la pena. Si aún no memorizas regularmente la Biblia, te animo a que empieces a hacerlo. Aquí hay algunos buenos pasajes para ayudarte a comenzar.

Crea en mí, oh Dios, un corazón limpio,
Y renueva un espíritu recto dentro de mí (Salmo 51:10).

No os ha sobrevenido ninguna tentación que no sea humana; pero fiel es Dios, que no os dejará ser tentados más de lo que podéis resistir, sino que dará también juntamente con la tentación la salida, para que podáis soportar (1 Corintios 10:13).

Bethany: MI VERSÍCULO BÍBLICO FAVORITO

FÍATE DE JEHOVÁ DE TODO TU CORAZÓN,
Y NO TE APOYES EN TU PROPIA PRUDENCIA.
RECONÓCELO EN TODOS TUS CAMINOS,
Y ÉL ENDEREZARÁ TUS VEREDAS
(PROVERBIOS 3:5-6).

Kristen: MI VERSÍCULO BÍBLICO FAVORITO

SEÑOR, DIGNO ERES DE RECIBIR LA GLORIA Y LA HONRA Y EL PODER; PORQUE TÚ CREASTE TODAS LAS COSAS, Y POR TU VOLUNTAD EXISTEN Y FUERON CREADAS (APOCALIPSIS 4:11).

Elaborar una estrategia

Considera tu vida y piensa cuándo y dónde eres más tentada. ¿Es en ciertos momentos del día? ¿En ciertos lugares? ¿Después de hacer ciertas cosas o ver a ciertas personas? Mi batalla interna a menudo ocurría por la noche. Era más difícil cuando estaba sola en mi habitación y acostada en la cama. Mi mente cobraba vida. Reconocí que las horas de la noche eran una lucha para mí, así que comencé a elaborar estrategias para ese momento específico de la noche. En lugar de acostarme pasivamente en la cama y esperar que mi mente cobrara vida, comenzaba a orar de manera proactiva. Meditaba en las Escrituras y escribía versículos. Algunas veces anotaba mis pensamientos y oraciones en un diario. Estas fueron excelentes maneras de luchar contra la tentación antes que me asaltara (ver 2 Timoteo 2:22).

> Identifica cuándo y dónde eres más tentada y luego haz una estrategia para obtener la victoria.

Por supuesto, tu estrategia podría ser un poco diferente, pero la conclusión es esta: identifica cuándo y dónde eres más tentada y luego haz una estrategia para obtener la victoria.

Orar

La oración es una de las armas más poderosas que tienes (ver 1 Juan 5:14-15). Si has aceptado a Cristo como tu Salvador personal, el Espíritu Santo está vivo, presto a ayudarte y habita en ti. "Y de igual manera el Espíritu nos ayuda en nuestra debilidad; pues qué hemos de pedir como conviene, no lo sabemos, pero el Espíritu mismo intercede por nosotros con gemidos indecibles" (Romanos 8:26).

El Espíritu Santo está, literalmente, allí para ayudarte en tus debilidades. Está allí para fortalecerte y darte la victoria. Mateo 28:18-20 nos recuerda una realidad alentadora y llena de esperanza: "Y Jesús se acercó y les habló diciendo: Toda potestad me es dada en el cielo y en la tierra. Por tanto, id, y haced discípulos a todas las naciones, bautizándolos en el nombre del Padre, y del Hijo, y del Espíritu Santo; enseñándoles que guarden todas las cosas que os he mandado; y he aquí yo estoy con vosotros todos los días, hasta el fin del mundo. Amén". No estás sola en esta batalla. Gracias a Dios y su asombrosa misericordia, tienes acceso a su fortaleza perfecta a través de la muerte y resurrección de Jesús, así como también por el Espíritu que vive en ti (ver Efesios 3:12). Aprovecha este increíble regalo.

Aquí hay dos cosas específicas por las que puedes orar:

1. *Ora por ti misma.* Clama a Dios y pídele que te ayude en tu debilidad. Pídele que te fortalezca y te dé el poder de honrarlo interiormente. Pídele que te haga más como Jesús. Además, haz de la oración una parte regular de tu vida, no solo cuando estás luchando.
2. *Ora por otras personas.* Una de las mejores formas de alejarte de la fantasía, los pensamientos sexuales o la lucha es orar por los demás. Tu mente solo puede hacer una cosa a la vez. Si oras por otras personas, no tendrás espacio para concentrarte en tu fantasía. Esta es una excelente manera de pelear la batalla y, al mismo tiempo, servir a los demás.

La pureza interior es posible

La batalla por la pureza interior no será rápida ni fácil, pero es posible. Ambas hemos visto un cambio radical en nuestro propio corazón. Hemos visto a Dios transformarnos de jóvenes cristianas estrellas a mujeres que aman apasionadamente a Jesús. Él puede hacer lo mismo por ti. Cuando pongas tu mente en línea con la verdad, tus sentimientos se ajustarán a eso y, por la gracia de Dios, te resultará más fácil desarrollar un corazón genuinamente puro. Cuando tu objetivo es amar a Dios con todo tu ser, tus acciones externas se convierten en un reflejo auténtico de lo que está sucediendo en tu corazón.

11. HABLEMOS SIN RODEOS: PORNOGRAFÍA, MATERIAL ERÓTICO Y MASTURBACIÓN

Con lágrimas que corrían por mis mejillas (de Kristen), me senté en mi cama completamente desesperada. Como una joven de quince años, mi deseo de intimidad sexual era fuerte y sentía que ya casi no podía soportarlo. En ese momento, no estaba segura de cómo sobreviviría hasta casarme con deseos sexuales tan fuertes. *¿Cómo puede ser esto un regalo?*, pregunté a Dios entre lágrimas.

En mi corazón, sabía cuánto valoraba Dios la pureza y la santidad, pero parecía imposible resistirme continuamente a mis impulsos por mucho tiempo. Traté de controlar mis pensamientos de lujuria, pero parecían dominarme más veces de las que no. Imágenes y fantasías sexualizadas bombardeaban mi mente en los momentos más inesperados.

Durante ese tiempo, la masturbación se convirtió en una compañera desagradable, pero inseparable. La vergüenza y la culpa que sentía después de ceder a mi lujuria se cernían sobre mí como una nube pesada y oscura. Me encontraba en una montaña rusa donde una semana ganaba la batalla y, a la siguiente, la perdía. Deseaba desesperadamente la victoria. *¿Por qué es tan difícil?*, clamaba a Dios. Oraba para que mis deseos desaparecieran, pero nunca lo hacían. Me sentía confundida, sin esperanza y derrotada.

Si actualmente estás luchando con la lujuria y pierdes la batalla como yo solía perderla, sé que puedes identificarte con mis sentimientos de desesperanza. Nada es más desalentador que perder una batalla una y otra vez. La victoria parece imposible. El futuro se ve sombrío. Ya sea que estés luchando con la masturbación, la pornografía, el material erótico u otra cosa, te preguntas si alguna vez podrás ser libre de eso que te ata. Y lo que hace que estas luchas sean aún más difíciles es que muy pocas mujeres hablan de estas. Muy pocas de nosotras nos sentimos suficientemente valientes para hablar y pedir ayuda. Mantenemos nuestras luchas ocultas, en el fondo de los rincones secretos de nuestras vidas. Aunque queremos cambiar, tenemos demasiado miedo para exponer la verdad.

Llegó un momento durante mis últimos años de secundaria cuando al final me harté. No quería seguir atrapada por más tiempo.

Ese punto de inflexión sucedió mientras asistía a una conferencia cristiana. Durante una de las sesiones, el orador comenzó a hablar sobre la lujuria y la pureza. Presté oído al instante. El orador señaló que la lujuria prospera en secreto, en la oscuridad.

Luego siguió explicando lo poderoso que era sacar a la luz los pecados secretos. Aprendí que, al hablar de mi secreto con otros, destruiría su control sobre mí. Al exponer mi pecado a la luz, destruiría las mentiras y permitiría que la verdad transformara mi corazón.

En el momento en que escuché estas verdades, un muro invisible se derrumbó dentro de mí. Sabía exactamente lo que debía hacer. Nunca —*jamás*— había hablado con alguien de mis luchas secretas con la masturbación. La sola idea me aterraba, pero la oscuridad había gobernado suficiente tiempo. Quería ser libre.

Aquella noche, clamé a Dios en oración como nunca antes. Le pedí que me diera fuerzas para ser sincera. Le confesé mi pecado (otra vez) y me arrepentí de manera genuina. Algo era diferente en esta ocasión.

Luego, varios días después, decidí hablar con mis padres. Nunca olvidaré el momento cuando entré a su habitación. Me temblaban las manos. Mi corazón latía fuerte. Apoyada en el borde de su cama, respiré hondo. Luego, sin previo aviso, lágrimas comenzaron a rodar por mis mejillas. Me costaba pronunciar las palabras. Después de varios minutos, al final hablé. Les conté todo. Mientras hablaba, me quitaron un peso de los hombros. Mis secretos quedaron expuestos.

Mis secretos quedaron expuestos.

Mis padres me respondieron exactamente como esperaba que lo hicieran, con inmensa gracia y compasión. Me abrazaron tiernamente y luego los tres oramos juntos. Salí de su habitación con una nueva sensación de fortaleza.

A partir de ese momento, mi actitud hacia la batalla fue diferente. Ya no me sentía débil e impotente como antes. La lujuria no parecía tener control sobre mí como solía hacerlo. Comencé a orar diariamente por fortaleza. Y, por la gracia de Dios, Él me ayudó a caminar en victoria con mucha más firmeza.

No importa con qué estés luchando en este momento, quiero que sepas que hay esperanza. Estoy contando mi historia para hacerte saber que es posible tener victoria en Cristo. No estás sola en tus luchas. Servimos a un Dios poderoso, y ningún pecado es demasiado grande para que nuestro Salvador triunfe sobre él. Experimenté su victoria, y quiero que tú también la experimentes. Hablaremos más sobre esto al final de este capítulo y nuevamente en el capítulo 13. Por ahora, profundizaremos en lo esencial.

En todos los correos electrónicos que nosotras (Kristen y Bethany) recibimos de las mujeres con respecto a las luchas sexuales, nos preguntan sobre tres temas: pornografía, material erótico y masturbación. La cultura moderna no tiene miedo de hablar sobre estas cosas, pero muchas iglesias cristianas guardan silencio sobre estos temas. Por consiguiente, muchas mujeres cristianas se preguntan si la Biblia dice algo sobre estos temas relevantes. Y, aún más, ¿ofrece la Biblia alguna guía y ayuda para alguien que lucha con estas cosas? Es hora de que hablemos de estos temas.

Al igual que con todos los aspectos de nuestra sexualidad, Dios se preocupa realmente por estas cosas y quiere ayudarnos a aceptar su buen diseño de manera correcta.

PORNOGRAFÍA

"Durante años he estado mirando pornografía en secreto. Sé que es pecado y ya no quiero hacerlo... pero no tengo el valor de confesarlo. En el fondo, creo que mi pecado es demasiado grande para la gracia de Dios. No sé cómo pelear esta batalla o cómo rechazar las mentiras que me roban la esperanza". —Jésica

Vivimos en una época cuando la pornografía es más accesible que en cualquier otro momento de la historia. Con solo hacer clic en un botón, podemos acceder de manera privada a sexo por encargo todo lo que queramos. Actualmente, se estima que "el 35% de todas las descargas de Internet están relacionadas con la pornografía".[1] Las empresas aprovechan esta oportunidad. Tal como está hoy, "la pornografía es una industria global, estimada en 97.000 millones de dólares, de los cuales 12.000 millones provienen de los Estados Unidos".[2]

La pornografía es muy popular. Eso está claro. Y su popularidad solo irá en aumento. A diferencia de los "viejos tiempos", cuando la pornografía se mantenía en secreto y se consideraba

1. "18 Mind-Blowing Stats about the Porn Industry and Its Underage Consumers", fightthenewdrug.org, consultado el 24 de septiembre de 2018, https:/fightthenewdrug.org/10-porn-stats-that-will-blow-your-mind/.

2. "18 Mind-Blowing Stats".

vergonzosa, hoy día es todo lo contrario. Se alienta a hombres y mujeres a disfrutar de la pornografía como parte normal de su dosis de entretenimiento. La industria de la pornografía se ha expandido considerablemente hasta incluir la violación, abuso de hombres, abuso de mujeres y muchas otras combinaciones distorsionadas de promiscuidad sexual. Una popular revista para mujeres recientemente presentó su lista de películas pornográficas recomendadas específicamente para mujeres. El subtítulo dice: "Si necesitas algo más que un breve videoclip, echa un vistazo a estas películas con contenido fuerte y artístico".[3] Ahora se promociona la pornografía entre las mujeres como una buena opción de material gráfico. Si Jésica buscara el consejo de la cultura pop con respecto a su lucha con la pornografía, le dirían que es absolutamente normal y que no hay razón alguna para avergonzarse. *¡Disfrútalo! Gratifícate. Diviértete un poco.*

Por más liberador que pueda parecer ese consejo, esto es lo que la sociedad no dirá a Jésica: no importa la cantidad de pornografía que consumas, nunca te satisfará por completo. Solo te dejará vacía, y siempre querrás más. Poco a poco consumirá tus deseos. Destruirá tu opinión sobre el sexo. A la larga, envenenará tus relaciones románticas de la vida real. Te impedirá tener una relación próspera con Dios.

> Nuestro verdadero anhelo no es de sexo.

Por más atractiva que pueda ser la pornografía, no es más que una versión falsa del diseño de Dios para el sexo. Como hemos visto en capítulos anteriores, nuestro verdadero anhelo no es de sexo, sino de una intimidad real y *genuina*. Por eso, en el fondo de nuestro corazón, sabemos que algo no está bien con la pornografía. Sabemos que no es intimidad real. Sabemos

3. Jill Hamilton, "The 12 Best Porn Movies Money Can Buy", *Cosmopolitan*, 16 de marzo de 2018.

que sus promesas de satisfacción son huecas. En el centro de nuestro mismo ser, sabemos que la pornografía no honra ni glorifica a Dios.

Jésica lo sabe. Y por eso quiere desesperadamente ser libre. Desea cambiar los placeres falsos de la pornografía por la libertad permanente de la verdadera realización en Cristo.

Si tú, como Jésica, quieres desesperadamente ser libre de la pornografía, no estás sola. Por la gracia y la obra del poder de Dios en tu corazón, puedes ser libre.

Veamos por qué la pornografía es una versión falsa del diseño de Dios para el sexo.

LA PORNOGRAFÍA ES UNA BURLA AL AMOR DE PACTO

El sexo no se creó para *ver*, sino para *experimentar*. Se creó para la *relación*. Por eso Dios hizo del sexo una celebración del pacto entre un esposo y una esposa dentro del matrimonio (ver Génesis 2:24). La pornografía se burla por completo de este diseño. No hay pacto. No hay compromiso. No hay amor verdadero. La pornografía prescinde de todos los aspectos relacionales y nos ofrece una experiencia sexual falsa y hueca. La pornografía carece de todo lo que la verdadera intimidad está destinada a tener.

LA PORNOGRAFÍA DEGRADA LA IMAGEN DE DIOS EN SUS PORTADORES

Es tentador creer la mentira de que la pornografía no es más que "sexo ficticio" representado por actores. Sin embargo, detrás de la cara y el cuerpo de quienes están en la pantalla hay personas reales creadas a imagen de Dios (ver Salmo 139:13-15). Algunos de ellos están allí por elección, pero otros se ven obligados a ingresar a la industria como esclavos sexuales modernos. Al mirar pornografía, somos culpables de alimentar una horrible industria de miles de millones de dólares, que a menudo se aprovecha de mujeres y niños inocentes. No importa a quiénes estés mirando, cada una de esas personas tiene un alma eterna y un inmenso valor gracias a su Creador. Cuando nos gratificamos en su desnudez, no les mostramos amor o lo valiosos que son como portadores de la imagen de Dios. No los tratamos con la dignidad y el respeto con que Cristo nos llama a hacerlo (ver Romanos 12:9-10). En cambio, nos gratificamos en el pecado que los vemos cometer en sus actos de inmoralidad sexual… y, al mismo tiempo, nosotras mismas estamos pecando contra Dios.

LA PORNOGRAFÍA PERVIERTE NUESTROS ANHELOS Y DESEOS

Uno de los argumentos más comunes a favor de la pornografía es: “La pornografía no le hace daño a nadie”. Sin embargo, esto, simplemente, no es cierto. Un artículo titulado “Sustancias químicas del cerebro y la adicción a la pornografía: La ciencia muestra cómo nos hace daño la pornografía” revela algunas evidencias sorprendentes. “En lugar de producir un vínculo profundo con una persona, tu cerebro termina ‘ligado’ a una experiencia pornográfica… A la larga, el cerebro se extenúa y detiene la producción de dopamina, con lo cual deja al espectador con ganas de más, pero incapaz de alcanzar un nivel de satisfacción. En consecuencia, los placeres habituales dejan de causar emoción y el espectador busca pornografía más novedosa e intensa para alcanzar el mismo nivel de excitación que antes”.[4]

La pornografía pervierte nuestros deseos y distorsiona nuestras funciones sexuales naturales. Sobreestimula el cerebro, lo cual causa problemas al nivel

La pornografía pervierte nuestros deseos y distorsiona nuestras funciones sexuales naturales.

4. Luke Gilkerson, “Brain Chemicals and Porn Addiction: Science Shows How Porn Harms Us”, covenanteyes.com, 3 de febrero de 2014, http://www.covenanteyes.com/2014/02/03/brain-chemicals-and-porn-addiction/.

neurológico. A la larga, la pornografía también perjudica a los matrimonios, ya que representa un reto abismal para muchas parejas en su relación sexual. Años y años de contenido pornográfico irreal y demasiado estimulante hacen que la intimidad matrimonial sea todo un reto.

LA PORNOGRAFÍA ES UNA FORMA DE ADORACIÓN FALSA

Es imposible disfrutar de la pornografía mientras se adora a Dios al mismo tiempo. Christopher Asmus, a quien presentamos en el capítulo 6, escribe: "Los pecados de la lujuria [y] la pornografía... son, ante todo, problemas de adoración".[5] En ese silencioso momento de tentación cuando nadie está mirando, nuestra lujuria exige ser la número uno. Nos enfrentamos con la realidad de a quién elegiremos adorar: ¿a nuestra lujuria o a Dios? ¿Buscaremos una adoración orgullosa y egocéntrica o una adoración humilde y centrada en Cristo? En el fondo, la pornografía no es el mayor problema aquí, sino la elección de someterse y amar a algo más que a Dios.

La gracia y el perdón de Dios no se acabarán.

A pesar de lo tentador, atractivo y excitante que pueda ser la pornografía, necesitamos ver más allá de esta fachada seductora. El placer momentáneo que ofrece nunca satisfará nuestros deseos más profundos. No podemos saciar nuestro anhelo real de intimidad con una solución falsa.

Si en este momento estás luchando con la pornografía, hay *esperanza*. Con el poder de Cristo, puedes ser victoriosa. Muchas mujeres cristianas han vencido este pecado, y tú también puedes hacerlo. La gracia y el perdón de Dios no se acabarán. Como señala el autor y rapero cristiano Trip Lee: "Podrías haber mirado pornografía todos los días durante los

---

5. Christopher Asmus, "Why Do We Give In to Porn?", Desiring God, 31 de julio de 2017, https://www.desiringgod.org/articles/why-do-we-give-in-to-porn.

últimos quinientos días, y Jesús no se ha quedado sin gracia. Esa misma cruz de la cual escuchaste la primera vez es la misma cruz que puede perdonarte ahora".[6]

Asmus también luchó con la pornografía, pero tuvo la victoria y venció su hábito. En palabras sabias de Asmus: "La única arma que tenemos para vencer a la bestia de la pornografía es el gozo en algo —no, en alguien— más grande: Jesucristo. La estrategia de batalla contra la pornografía es hacer todo lo posible para disfrutar de Jesús más de lo que podrías disfrutar de la pornografía".[7]

Al final de este capítulo, presentaremos algunas medidas de acción inmediata que puedes tomar para comenzar tu viaje hacia la libertad.

MATERIAL ERÓTICO

> "Sinceramente, te hace sentir muy bien leer historias eróticas, al menos en el momento. Pero sé por experiencia propia que, después de hacerlo, me siento vacía y totalmente insatisfecha. Me siento culpable. Me enojo mucho conmigo misma porque después de cada vez, oro y me arrepiento y lloro y le pido al Señor que me ayude a no hacerlo más, pero luego lo sigo haciendo. Me excuso y me justifico, y luego vuelvo a estar en el mismo lugar, pero ¡quiero dejar de leer estas cosas!". —Sandra

Él es increíblemente guapo. Ella es absolutamente hermosa. Él es rico. Ella es sexy. Él desea desesperadamente una mujer en su vida. Ella anhela la atención de un hombre. Se conocen. Se enamoran. No pasa mucho tiempo antes que su ardiente

6. Trip Lee, "Hope and Help for the Porn Addict", Desiring God, 30 de junio de 2015, https://www.desiringgod.org/articles/hope-and-help-for-the-porn-addict.

7. Asmus, "Why Do We Give In?".

romance se vuelva intensamente sexual. Su fantasía parece demasiado buena para ser verdad.

Lo que se presenta como la perfecta historia de amor y relaciones sexuales hipnotiza a las mujeres modernas con cada página que leen.

Esto es material erótico.

Tal como están las cosas, "el material erótico es el género de libros que más rápido se vende a las mujeres".[8] Este género de literatura se crea con un único propósito: estimular y despertar el deseo sexual en el lector. Como la escritora Dannah Gresh y la Dra. Juli Slattery lo describen: "El material erótico promete sacarte de tu mundo aburrido e inyectarte algo de aventura, aunque solo esté en tu mente. Por un breve tiempo, puedes sentirte viva al imaginar cómo sería enamorarse locamente de un hombre apuesto, ser tan bella que todo el mundo se voltee a mirarte, viajar en un *jet* privado en una escapada al océano o tener orgasmos alucinantes a voluntad".[9]

Por esa precisa razón, las mujeres nos sentimos sumamente atraídas a la lectura de material erótico. Cautiva nuestra imaginación, nuestras emociones y nuestros deseos sexuales con palabras estimulantes que nos alejan de la realidad y nos adentran en un mundo de sueños. Dannah Gresh ofrece las siguientes cinco razones clave por las cuales las mujeres se sienten atraídas a la lectura de material erótico:

1. Escapar de la realidad.
2. Sentirse apreciada por un hombre.
3. Sentir la protección de un hombre fuerte.
4. Sentirse rescatada por un hombre.
5. Estar sexualmente viva.[10]

---

8. Dannah Gresh y Dra. Juli Slattery, *Pulling Back the Shades* (Chicago: Moody, 2014), p. 9.

9. Gresh y Slattery, *Pulling Back*, p. 18.

10. Dannah Gresh, "I Know Why You Read Fifty Shades of Grey", Pure Freedom, 27 de febrero de 2014, http://purefreedom.org/i-know-why-you-read-fifty-shades-of-grey/.

Sandra se sintió atraída por el material erótico por estas mismas razones. Describió la lectura de material erótico como algo que "te hace sentir bien". Y es verdad. La lectura de material erótico nos hace sentir bien en el momento, porque despierta mucho dentro de nosotras. Si alguna vez has leído o lees material erótico, probablemente puedas identificarte con lo que Sandra siente. Los escritores y editores de contenido erótico saben que el contenido también nos hace sentir así. Crean intencionalmente historias de amor sexualmente explícitas basadas en los anhelos más profundos de la mujer. Según Gresh y Slattery, "El material erótico te atrae de manera estratégica y magistral al utilizar lo que tu corazón anhela en secreto".[11]

El material erótico puede hacernos sentir bien, pero eso no lo hace bueno para nosotras. El hecho de que millones de libros eróticos se vendan como pan caliente no significa que sea saludable o mejor para nuestro apetito sexual. Y para llevar las cosas aún más lejos, ¿cómo deberíamos las mujeres cristianas evaluar el material erótico a la luz de la verdad de Dios?

Hemos pensado e investigado mucho sobre este tema. Somos mujeres como tú. Las historias eróticas también atraen a nuestra lujuriosa naturaleza. Sin embargo, en lugar de subirnos a la ola del material erótico, decidimos hacernos algunas preguntas. ¿El material erótico es realmente tan inofensivo como todos dicen? ¿Hay algún efecto secundario negativo en este material sensual? ¿Esta literatura nos acerca a la santidad y la pureza o nos aleja de estas? ¿Este contenido excitante nos muestra el camino hacia una relación verdaderamente íntima y gratificante? Esto es lo que descubrimos.

¿Este contenido excitante nos muestra el camino hacia una relación verdaderamente íntima y gratificante?

11. Gresh y Slattery, *Pulling Back*, p. 18.

Primero, queremos hablar directamente a las mujeres solteras.

Un tema constante que yo (Bethany) veo en toda la Biblia es un llamado a la pureza sexual (ver Salmo 51:10; 1 Corintios 6:18; 1 Tesalonicenses 4:3-5). Dios te está llamando a luchar por la pureza sexual en honor a su buen diseño del amor de pacto. No solo debes abstenerte de algo malo, sino que también debes luchar *por* algo bueno. Por placentero que pueda ser la lectura de material erótico en el momento, no te ayuda en tu lucha por la pureza. Te tentaría, como mujer soltera, a soñar con el sexo de manera impía. Dado que el objetivo del material erótico es literalmente despertar el deseo sexual, queda muy claro que esto no te ayudará en tu búsqueda de la pureza que honra a Cristo.

En el Cantar de los Cantares (una increíble historia de sexo puro y sagrado dentro del matrimonio), hay un llamado específico a las mujeres solteras de Jerusalén a "no [despertar] al amor hasta que llegue el momento apropiado" (8:4, NTV). Otras traducciones usan las palabras *molestar* y *provocar.* A estas mujeres solteras se les dijo que *no* despertaran / molestaran / provocaran el amor sexual hasta que fuera el momento apropiado (el matrimonio). Este sigue siendo el llamado para mujeres solteras hoy. Estás llamada a proteger, apreciar y luchar por el amor auténtico, y reservar la excitación sexual solo para el matrimonio.

Ahora una breve palabra para las mujeres casadas.

Antes del matrimonio, yo (Kristen) ingenuamente pensaba que todas las parejas casadas disfrutaban de relaciones sexuales alucinantes todas las noches. Luego, durante mis primeros años de matrimonio con Zack, me sorprendió que nuestra relación sexual requiriera un trabajo intencional a fin de desarrollarla y mantenerla.

La verdadera intimidad matrimonial requiere atención e intencionalidad. Por consiguiente, el enemigo trabaja horas extras para evitar que seamos intencionales en esta área. Hace todo lo posible para *alejarnos* de la verdadera intimidad con nuestro esposo. Su objetivo es poner una brecha entre nosotros. Producir decepción y aburrimiento dentro de nuestro matrimonio.

Dannah Gresh da un sabio consejo a las mujeres casadas: "He estado estudiando lo que Dios dice sobre la sexualidad durante quince años. Según Él, solo hay una persona que debe estimular el deseo sexual en mí: mi esposo. Dado que ese es el plan de Dios para mi deseo sexual, cualquier otra cosa que no sea que mi esposo produzca excitación en mí estaría fuera de la intención de Dios".[12] El material erótico no nos lleva a una intimidad auténtica con nuestro esposo, más bien nos aleja de eso. Despierta falsos deseos y expectativas sexuales dentro de nosotras que, a la larga, nos hacen desear algo más que el matrimonio que tenemos. El material erótico nos lleva al dormitorio de extraños y nos invita a disfrutar de *su* pasión sexual. Nos lleva a un mundo de fantasía donde reinan la lujuria, la inmoralidad y la autonomía sexual.

Es erotismo, sí, pero es solo eso, erotismo.

Ya sea que estés casada o soltera, ambas esperamos que puedas ver cuán falso y peligroso es realmente el material erótico. Es erotismo, sí, pero es solo eso, *erotismo*. No dura. No sacia. No satisface. Se va tan rápido como llegó. Suscita lujuria en nuestros corazones que no pueden quedar satisfechos. Nos aleja de la pureza y la santidad, y nos lleva a la inmoralidad.

MASTURBACIÓN

"He estado luchando con la masturbación durante mucho tiempo. Son como oleadas que vienen y van. Constantemente, trato de no

12. Dannah Gresh, "I'm Not Reading Fifty Shades of Grey", Pure Freedom, 7 de enero de 2013, http://purefreedom.org/im-not-reading-fifty-shades-of-grey/.

hacerlo más e incluso le pido a Dios que me ayude... pero no importa cuánto lo intente, al final cedo. Este ha sido un patrón en mi vida durante los últimos años. Me siento muy sola. Me siento muy sucia y avergonzada". —Raquel

Cuando yo (Kristen) estaba en medio de mi lucha continua con la masturbación, sinceramente me preguntaba si alguna vez podría ser libre. Al igual que Raquel, me sentía sola y derrotada. Me sentía sucia y avergonzada. Si estás en medio de tu propia lucha, puede que sientas lo mismo. Te preguntarás si es posible ser libre. Sea donde sea que te encuentres en este momento, las dos queremos invitarte a unirte a nosotras en un diálogo nuevo mientras descubrimos lo que la Biblia dice sobre este tema relevante.

Antes de profundizar, definamos exactamente de qué estamos hablando por medio de esta pregunta: ¿Qué es la masturbación? Así es como lo describe el diccionario: "Acción y efecto de estimular los propios genitales para el placer sexual".[13] La masturbación es con frecuencia un acto personal y privado con el objetivo de experimentar placer y liberación a través de un orgasmo. Algunos lo llaman "sexo solitario". Muchos cristianos solteros se masturban para satisfacer sus deseos e impulsos sexuales antes del matrimonio.

Si analizas los consejos populares de los psicólogos modernos y los "expertos en sexo", verás que muchos argumentan que la masturbación es una parte buena y saludable de la vida. Explican que nuestro deseo sexual es similar a un globo grande a punto de estallar. Para tener una vida saludable, se nos alienta a liberar la presión a través de la masturbación. ¿Pero es que todo nuestro instinto sexual es presión, acumulación y liberación sexual? Ninguna de las dos creemos eso.

13. Dictionary.com, s.v. "Masturbation", consultado el 24 de septiembre de 2018, https://www.dictionary.com/browse/masturbation.

Como hemos visto en capítulos anteriores, nuestro diseño sexual es mucho más.

Aunque la Biblia nunca usa la palabra *masturbación*, no guarda silencio sobre el tema. Como hemos visto en capítulos anteriores, la Biblia habla bastante sobre nuestra actividad y nuestras elecciones sexuales, y la masturbación es sin duda un acto sexual. Nuestra meta como mujeres cristianas siempre debe ser discernir la diferencia entre el sexo bíblico auténtico y el sexo mundano falso.

Con eso en mente, enumeraremos varias razones claras por las cuales creemos que la masturbación es una versión falsa del buen diseño de Dios para la intimidad sexual.

LA MASTURBACIÓN PROMUEVE EL AISLAMIENTO Y EL EGOÍSMO

Como ya hemos descubierto, fuimos creadas para *yadá*. Fuimos diseñadas para la intimidad. Dios creó el sexo para el matrimonio. Para la *relación*. La masturbación es un acto sexual solitario. No hay intimidad o relación matrimonial.

El autor Tim Challies escribe:

> Un examen minucioso de las enseñanzas de la Biblia sobre la sexualidad no revela ninguna razón para creer que Dios ha destinado el sexo para ser una actividad privada [es decir, individual] [Génesis 2:23-24; 1 Corintios 7:2-5; Proverbios 5:18-19; Cantares 1:2-4]. De hecho, el corazón y alma de la sexualidad es el dar y recibir placer sexual entre dos personas. Un esposo y una esposa. El sexo tiene la intención de ser el medio de satisfacción mutua, una expresión de amor en la que el esposo piensa primero en su esposa y la esposa piensa primero en su esposo.[14]

---

14. Tim Challies, "La verdad de Dios sobre tu pecado sexual secreto", Aviva Nuestros Corazones, consultado el 21 de enero de 2021, https://www.avivanuestroscorazones.com/mujer-verdadera/blog/la-verdad-de-dios-sobre-tu-pecado-sexual-secreto/.

Dado que la masturbación es un acto sexual solitario, no tiene la capacidad de servir y dar a otra persona. Su objetivo principal es servirse a sí mismo. Carece del componente relacional con el que Dios creó intencionalmente el sexo.

LA MASTURBACIÓN A MENUDO SE ALIMENTA DE LA LUJURIA

No importa si somos solteras o casadas, todas estamos llamadas a procurar un corazón de pureza genuina (ver 1 Tesalonicenses 4:3-5). Esto incluye la búsqueda de la pureza sexual tanto en nuestra mente como en nuestras acciones. En mi propia experiencia (de Kristen), y en el caso de muchas mujeres con las que he hablado sobre esto, la masturbación siempre se alimenta de pensamientos impuros y fantasías sexuales. De hecho, nunca he conocido a una mujer que se masturbe constantemente mientras piensa en cosas puras. Esto rara vez ocurre (si es que ocurre), porque la masturbación es un acto sexual. Evoca pensamientos y deseos sexuales en nosotras. Despierta apetitos y pasiones que exigen ser satisfechos. Challies señala que "la gratificación sexual, por supuesto, no es un acto meramente físico, sino que involucra a la mente muy a menudo con intensidad. Durante la masturbación, las imágenes pornográficas, sean visualizadas externa o internamente, o simplemente imaginadas, casi siempre proveen un tipo de combustible. De hecho, la gran mayoría de veces estas fantasías son imposibles de separar de la masturbación en sí misma".[15]

El sexo se creó para practicarse con un corazón de pureza y amor genuino dentro del matrimonio. Dado que la masturbación se alimenta principalmente de la lujuria y la autosatisfacción, es una versión falsa del sexo.

LA MASTURBACIÓN NO GLORIFICA A DIOS

Dentro del matrimonio, el sexo brinda la oportunidad de ser una hermosa expresión de amor y adoración a Dios. Es

15. Challies, "La verdad de Dios".

un regalo que debe disfrutarse con gratitud hacia el Creador que lo hizo (ver Proverbios 5:18-19). Sin embargo, la actividad sexual fuera del matrimonio no glorifica a Dios, porque carece de integridad, pureza y contexto.

En 1 Corintios 6:19-20 leemos: "¿O ignoráis que vuestro cuerpo es templo del Espíritu Santo, el cual está en vosotros, el cual tenéis de Dios, y que no sois vuestros? Porque habéis sido comprados por precio; glorificad, pues, a Dios en vuestro cuerpo y en vuestro espíritu, los cuales son de Dios". Como señala Jason DeRouchie de *Desiring God*: "Honrar a Dios con nuestro cuerpo debe ser la búsqueda de todo creyente".[16] Cuando incurrimos en cualquier actividad sexual fuera del matrimonio, no aceptamos el verdadero diseño de Dios para el sexo y, por lo tanto, no podemos darle la gloria. Nuestros cuerpos se convierten en vasos para el pecado en lugar de vasos para la justicia. No importa cuán fuertes sean nuestros deseos y apetitos sexuales, glorificar a Dios con nuestro cuerpo debería ser nuestra búsqueda principal.

La masturbación no reúne ninguno de los requisitos para ser una forma auténtica de intimidad sexual. No cuenta la historia del amor de pacto de Dios. No nos enseña sobre el amor conyugal y el desinterés. Nos aleja de *yadá*. Aleja nuestro corazón de la pureza. No glorifica a Dios. A fin de cuentas, la masturbación no es más que una versión falsa del sexo. Los sentimientos de inmundicia y vergüenza que a menudo experimentamos después de la masturbación quizás provengan de una conciencia culpable. En el fondo, sabemos que algo no está bien. Sabemos que no estamos buscando la pureza. Sabemos que nuestros deseos no honran a Dios. Y así experimentamos un conflicto en nuestro espíritu. Sin embargo, en lugar de hacer que nos quedemos en un estado de culpa, Dios nos invita a arrepentirnos de nuestro pecado y aceptar su perdón. Quiere

---

16. Jason DeRouchie, "If Your Right Hand Causes You to Sin", Desiring God, 3 de diciembre de 2016, https://www.desiringgod.org/articles/if-your-right-hand-causes-you-to-sin.

que abandonemos nuestro pecado y, en cambio, lo busquemos con todo nuestro ser (ver 1 Juan 1:8-10).

No importa cuán intensos y fuertes puedan ser a veces tus deseos y apetitos sexuales, debes creer que la gracia de Dios es suficiente para ayudarte. No eres víctima de tu deseo sexual. Dios te ha dado poder por medio de su Espíritu Santo para decir "no" a tu carne y "sí" a la justicia. "Digo, pues: Andad en el Espíritu, y no satisfagáis los deseos de la carne" (Gálatas 5:16).

No eres víctima de tu deseo sexual.

Ya sea que estés luchando con la masturbación, la pornografía, el material erótico u otra cosa, puedes encontrar libertad duradera en Cristo porque "no hay secreto demasiado enterrado, ni pasado demasiado oscuro, ni confusión demasiado profunda, ni pecado demasiado horrible que esté por encima de la gracia inagotable y eterna de Dios".[17]

TU VIAJE HACIA LA LIBERTAD

Los siguientes pasos, junto con la información del capítulo 13, te ayudarán en tu viaje hacia la libertad en Cristo.

1. Busca un arrepentimiento genuino

El primer paso hacia la victoria sobre el pecado de la lujuria es reconocer que hemos pecado contra Dios y que necesitamos su perdón. Primera de Juan 1:9 señala: "Si confesamos nuestros pecados, él es fiel y justo para perdonar nuestros pecados, y limpiarnos de toda maldad". Nuestro Dios está lleno de gracia y perdón, y está dispuesto a recibir y perdonar a cualquiera que lo busque.

17. Lauren Jacobs, "Ashamed, Alone, and Addicted to Porn: Do Other Women Struggle with This?", covenanteyes.com, 9 de noviembre de 2012, http://www.covenanteyes.com/2012/11/09/women-addicted-to-porn-lauren-jacobs/.

Sin embargo, sentir lástima por nuestro pecado no es suficiente: la Biblia nos llama a humillarnos y confesar nuestro pecado a Dios. Por ejemplo, el rey David pecó contra Dios al cometer adulterio con Betsabé. Se sintió mal por lo que hizo, por eso trató de ocultarlo; pero no estaba realmente arrepentido. No fue hasta que el profeta Natán lo confrontó (un año después) que David vio la rebelión y el pecado en su corazón. En ese momento, David se arrepintió con un corazón humilde y genuino ante Dios y confesó su pecado. Estaba realmente quebrantado. Su oración de arrepentimiento está registrada en el Salmo 51, y es un poderoso retrato de cómo debería ser el verdadero arrepentimiento.

Nuestro Dios está lleno de gracia y perdón.

Tómate un tiempo ahora mismo para orar y pedir a Dios que te recuerde cualquier pecado de lujuria del que no te hayas arrepentido con humildad. Luego, abre tu Biblia, lee el Salmo 51 y haz que sea tu propia oración de arrepentimiento ante Dios.

2. Saca los pecados secretos a la luz

El pecado prospera en la oscuridad. Hay algo poderosamente liberador acerca de sacar los pecados secretos a la luz. Proverbios 28:13 dice:

> El que encubre sus pecados no prosperará;
> Mas el que los confiesa y se aparta alcanzará
> misericordia.

Dios promete alcanzarnos con su misericordia si exponemos nuestro pecado. Ya sea pornografía, masturbación, material erótico u otra cosa, si realmente deseas la libertad, debes sacarlo a la luz.

Ya sea que admitas tu pecado ante tu cónyuge, tus padres,

una mujer piadosa mayor o la esposa de tu pastor, decide con quién hablarás y luego haz un plan para reunirte con esa persona. No permitas que la vergüenza y el orgullo se conviertan en una barrera para tu libertad. Eso es lo que quiere el enemigo. Lucha por la libertad y clama a Dios por humildad y transparencia.

Este fue un elemento clave para mí (Kristen) para poder encontrar la libertad permanente de la masturbación. Al sacar mi pecado a la luz, rompí las cadenas de la vergüenza y la esclavitud que me habían atado durante mucho tiempo. Dios me alcanzó con su misericordia, tal como lo prometió. Y hará lo mismo por ti.

3. Busca un discipulado constante con una mujer piadosa

Después de sacar a la luz tu pecado, no vuelvas a tu mundo privado. Romper hábitos pecaminosos es difícil. No pelees sola tus batallas. Dios nos ha dado la iglesia local como una forma de estar relacionados con otros cristianos y recibir un discipulado personal (Hechos 2:42; Hebreos 10:19-25). Participa intencionalmente en una iglesia bíblica que enseñe las Escrituras, predique a Jesús como nuestra esperanza y fomente una buena comunidad. Busca en tu iglesia (o haz el esfuerzo de unirte a una) a una mujer santa conforme a Tito 2 y pídele que te discipule en la verdad de Dios. Según cuál sea tu lucha específica, considera leer un libro bíblico sobre el tema. También podrían orar juntas de manera regular. Ella podría representar una "puerta abierta" de responsabilidad a quien enviar un mensaje de texto o llamar por teléfono cada vez que enfrentes una tentación.

No pelees sola tus batallas.

Gálatas 6:1-2 dice: "Hermanos, si alguno fuere sorprendido en alguna falta, vosotros que sois espirituales, restauradle con espíritu de mansedumbre, considerándote a ti mismo, no sea que tú también seas tentado.

Sobrellevad los unos las cargas de los otros, y cumplid así la ley de Cristo"). Un beneficio increíble de ser parte del cuerpo de Cristo es que podemos "[sobrellevar] los unos las cargas de los otros". Esto incluye la carga del pecado sexual. Dios no tenía la intención de que peleáramos solas nuestras batallas; debemos buscar ayuda dentro de una comunidad piadosa. No descuides este paso crucial en tu viaje hacia la libertad.

4. Haz cambios radicales

Depende de la frecuencia y la gravedad de tu lucha, es posible que debas hacer algunos cambios radicales en tu vida para evitar la tentación sexual. Por ejemplo, si tienes problemas con la pornografía, considera usar tu computadora o teléfono solo en lugares públicos, instalar un fuerte filtro de seguridad de Internet y tomarte un descanso de la tecnología por un tiempo. Si tienes problemas con el material erótico, desecha los libros o películas tentadoras, elimina el contenido erótico de tus dispositivos multimedia y evita usar tu teléfono o computadora cuando estés sola. Si tienes problemas con la masturbación, evalúa dónde y cuándo te sientes más tentada. Tal vez sea en tu habitación, en la ducha o cuando estés cansada. Elabora un plan de acción sobre cómo manejarás esa tentación. Tu plan podría incluir enviar mensajes de texto a tu mentora cada vez que te sientas tentada, no participar en los medios de comunicación mientras estás en la cama, evitar baños y duchas largas, leer la Biblia hasta quedarte dormida, etc.

En 1 Corintios 6:18 se nos exhorta: "Huid de la fornicación". *¡Huye!* Es una palabra fuerte. Otras traducciones usan la palabra *corre* o *evita*. Ya sabes cuál es la idea. La cuestión es que debes proponerte de manera intencional escapar de la inmoralidad sexual. El pecado sexual es un enemigo feroz. No lo subestimes. El enemigo es astuto y engañoso, y no cede fácilmente. Debes enfrentar tu pecado con intensidad y ferocidad.

Estamos llamadas no solo a huir de nuestro pecado, sino también a seguir la justicia. En 2 Timoteo 2:22 leemos: "Huye también de las pasiones juveniles, y sigue la justicia". Llena tu tiempo con cosas que te acerquen a Dios (lee la Biblia, ora, memoriza las Escrituras, escucha música de adoración, lee libros bíblicos, pasa tiempo con mujeres piadosas, etc.). Debes ser proactiva para llenar tu corazón y tu vida con la verdad de Dios y reemplazar hábitos pecaminosos por hábitos piadosos.

Participa activamente en la batalla

Luchar contra el pecado sexual es, principalmente, una batalla por el trono de nuestro corazón. No podemos adorar a dos señores al mismo tiempo. No podemos participar activamente del pecado sexual mientras adoramos a Cristo como el legítimo Rey. Cuando buscamos una experiencia sexual fuera del matrimonio, esto proviene de un corazón idólatra, uno que quiere el pecado y el placer propio por delante de la unión con Cristo. Ezequiel 23 presenta una imagen aleccionadora de lo que sucede cuando ponemos nuestras pasiones pecaminosas por delante de Cristo. Este capítulo muestra la oscuridad, la inmundicia y el peligro de una vida lejos de Dios cuando cedemos a la autocomplacencia. No solo nos esclavizamos a nuestro pecado, sino que finalmente rechazamos a Dios al convertirnos en adúlteras infieles en nuestra relación con Él. En lugar de unirnos con Cristo, nuestra infidelidad nos separa de Él.

Debido a esta realidad, luchar contra el pecado sexual es un asunto serio. Requiere que hagamos cambios radicales, pero, gracias a Dios, porque Él está de nuestro lado. El poder del pecado y la muerte ya ha sido destruido por la muerte y resurrección de Cristo. El escritor Joshua Harris señala que "para aceptar correctamente nuestra sexualidad debemos ponerla bajo el dominio de Aquel que la creó. Cuando lo hacemos, no estamos luchando contra nuestra sexualidad, sino a favor de esta. Estamos rescatando nuestra sexualidad de la decadencia de la lujuria. Estamos exaltando la identidad que Dios nos ha dado como criaturas sexuales al negarnos a quedar atrapadas en la insatisfacción interminable de la lujuria".[18]

Profundizaremos aún más en la búsqueda de la libertad sexual en el capítulo 13, pero, por ahora, te recomendamos firmemente que tomes estos cuatro pasos en serio, y pronto. No importa cuál sea tu lucha, no esperes. Encontrarás la libertad en Cristo.

---

18. Joshua Harris, *Sex Is Not the Problem (Lust Is)* (Colorado Springs: Multnomah, 2003), p. 43. Publicado en español por Unilit con el título *Ni aun se nombre: el sexo no es el problema (la lujuria sí)*.

12. RESPUESTAS A PREGUNTAS QUE TE HACES EN SECRETO

Al final, yo (Bethany) decidí hacer mi pregunta. Con un poco de miedo y temblor, lentamente levanté la mano. No sabía cómo responderían las otras jóvenes de mi grupo. ¿Pensarían de mí que era un poco rara? ¿Pensarían que mi pregunta era insólita?

La líder del estudio bíblico me miró y me dio el visto bueno. Con un tono de voz nerviosa, seguí adelante e hice mi pregunta. Aunque fue intimidante, estoy muy agradecida de haberla hecho. Finalmente, recibí las respuestas y la explicación que estaba buscando.

Supongo que has estado en mi situación en algún momento de tu vida. Has tenido preguntas en tu mente, pero te has sentido demasiado incómoda o avergonzada para hacerlas. Exactamente por eso escribimos este capítulo. Esperamos responder tus preguntas más íntimas. Las preguntas que hacerlas te ponen demasiado nerviosa.

SIETE PREGUNTAS QUE TE HACES EN SECRETO

Para averiguar las preguntas que las jóvenes se hacen, creamos un cuestionario en línea que formuló esta pregunta: "Si pudieras hacer a Kristen y Bethany cualquier pregunta anónima sobre sexo, género, pureza, lujuria o tentación, ¿qué les preguntarías?". Las respuestas fueron asombrosas. Las preguntas que llegaron fueron sin filtro y sinceras. Ambas estamos muy agradecidas por cada una de las jóvenes que participaron.

Este capítulo se centrará cien por cien en responder tales preguntas. Evaluamos cada una de ellas y elegimos las siete primeras, que creemos que representan mejor a la mayoría. ¡Comencemos!

1. SI UNA JOVEN SE QUEDA SOLTERA TODA SU VIDA, ¿SIGNIFICA QUE NUNCA TENDRÁ SEXO?

La historia de Nancy DeMoss Wolgemuth es el ejemplo perfecto para esta pregunta. Nancy todavía estaba soltera cuando cumplió sus cincuenta años. Como una mujer que había pasado sus años fértiles, pensó que se quedaría soltera para siempre; pero Dios tenía un plan diferente. Nancy se casó a los cincuenta años con un hombre maravilloso, y ahora tiene la alegría de experimentar intimidad sexual en esta nueva etapa de su vida.

En lugar de tratar de anticiparnos al futuro, debemos centrarnos en lo que sabemos sobre el sexo, la soltería y el matrimonio. El sexo es un hermoso regalo de Dios, que está reservado exclusivamente para las personas casadas (ver Hebreos 13:4). No es para personas solteras. Ten en cuenta que Jesús vivió en esta tierra durante treinta y tres años, y permaneció soltero, nunca tuvo relaciones sexuales y, sin embargo, realizó su misión a la perfección. Él es el mejor ejemplo de cómo florecer como persona soltera.

> *Nuestra mayor necesidad no es de sexo, sino de una profunda relación con Jesús.*

Si una joven se queda soltera toda su vida, debe concentrarse solo en confiar en el Señor con todo su corazón en lugar de preocuparse por si tendrá sexo o no. "Fíate de Jehová de todo tu corazón" (Proverbios 3:5). Esa joven necesita recordar que Dios ve. Sabe. Cuida de ella. Y puede experimentar la profunda *yadá* de conocer a su Salvador íntimamente, aunque nunca se case.

Nuestra mayor necesidad no es de sexo, sino de una profunda relación con Jesús. Y eso está disponible para cualquier mujer en cualquier etapa de la vida.

2. ¿ES EL SEXO TAN MARAVILLOSO COMO TODOS DICEN QUE ES?

Estás haciendo una muy buena pregunta. Nuestra sociedad está totalmente obsesionada con el sexo y, a menudo, lo presenta como la mejor experiencia de la vida. Antes del matrimonio, yo (Kristen) solía preguntarme lo mismo. *¿Es el sexo tan maravilloso como todos dicen?* Ahora que he estado casada durante varios años, esta es mi respuesta: sí, ¡es maravilloso! Sin embargo, al contrario del mensaje de Hollywood, el sexo no será siempre un éxtasis perfecto. Se necesita trabajo intencional y abnegación mutua dentro del matrimonio para cultivar una vida sexual emocionante.

El acto físico del sexo puede ser absolutamente increíble, pero no será el mismo para todas las personas y no es tan simple como Hollywood cree que es. La forma en que un hombre y una mujer experimentan placer físico, un vínculo relacional y satisfacción emocional, a menudo, es diferente. Como resultado, el amor y la comprensión intencionales de ambos cónyuges son necesarios para que la relación sexual sea mutuamente satisfactoria. Si un cónyuge es egoísta y poco amoroso, el placer sexual puede ser mucho más difícil de lograr.

Otro factor clave para comprender es que los hombres y las mujeres tienen diferentes hormonas y diferentes impulsos sexuales. Esto significa que el sexo no siempre es igual de interesante para cada cónyuge al mismo tiempo. Muchas mujeres casadas encuentran que su interés en el sexo está estrechamente relacionado con el vínculo emocional con su esposo. Si sienten una relación de vínculo y amor con su esposo, estarán mucho más entusiasmadas con la relación sexual.

Con todos esos factores en mente, el sexo puede ser una experiencia muy placentera dentro del matrimonio. Si eres una mujer soltera, es bueno y correcto esperar con entusiasmo que un día puedas tener sexo dentro del matrimonio, pero ten cuidado de no poner todas tus expectativas en esa experiencia. El matrimonio está lleno de muchas bendiciones y regalos maravillosos, y la intimidad sexual es solo uno de estos.

3. ¿QUÉ ESTÁ PERMITIDO ANTES DEL MATRIMONIO? QUIERO DECIR, OBVIAMENTE, EL SEXO ESTÁ RESERVADO PARA EL MATRIMONIO, PERO ¿CUÁNTO ES DEMASIADO DURANTE EL NOVIAZGO?

¡Cómo quisiera yo (Bethany) que la Biblia viniera con una lista exacta de cosas que están permitidas antes del matrimonio y cosas que no! ¿No haría eso que el noviazgo fuera mucho más fácil? Lamentablemente, no tengo esa lista y nadie más la tiene, porque la Biblia no ofrece una. Lo único que podemos saber con certeza es lo que la Biblia dice. En lugar de establecer una lista de reglas, Dios nos ofrece una visión general y el propósito del matrimonio y la intimidad (ver Génesis 1:28; 2:1-25; Proverbios 5:15-19; Cantar de los Cantares; 1 Corintios 7:1-40; 13:4-8).

En vez de preguntar, ¿cuánto puedo salirme con la mía y aún honrar a Dios?, todas deberíamos preguntarnos, ¿cuánto puedo atesorar y reservar para mi matrimonio? Incluso durante una relación de noviazgo, el objetivo debe ser honrar a Dios en todo lo que haces. Debes concentrarte en impulsar a tu novio hacia Cristo y la pureza. Debes evaluar seriamente tu relación y evitar de manera intencional cualquier cosa que pueda provocar una tentación innecesaria o un desliz sexual. Considera cosas como el contacto físico, los temas de conversación y el tiempo que pasan solos. Aunque estés en una relación de noviazgo, ten en cuenta que no estás casada y que, bíblicamente hablando, no se pertenecen el uno al otro. Haz lo que puedas para buscar la santidad, la pureza y el honor en tu relación.

En nuestro libro *El amor definido por Dios*, escribimos un capítulo titulado "Un noviazgo sin remordimientos" y señalamos: "Fijar límites morales en tu relación amorosa es algo que debes hacer desde el principio. Formúlate esta pregunta: 'Cuando esté en el altar el día de mi boda, ¿de qué no quiero lamentarme?'. Al pensar en todas las cosas de las que *no* te quisieras lamentar, tendrás una idea más clara de lo que te propones conseguir".[1]

En tu relación de noviazgo, proponte concentrarte en lo que sea que guíe tu relación hacia la pureza.

4. ¿PODRÍAN HABLAR SOBRE LA COMUNIDAD LGBTQ Y LO QUE PIENSAN SOBRE ELLOS? NO ESTOY MUY SEGURA SOBRE NINGUNA DE ESTAS COSAS.

LGBTQ (lesbiana, gay, bisexual, transgénero y *queer* o *questioning* [cuestionando su identidad sexual o de género]) hace referencia a la forma en que las personas se identifican cuando se trata de su sexualidad fuera de las normas cisgénero y heterosexuales.

Al hablar de temas como sexualidad, género e identidad, siempre debemos abordarlos con humildad y amor. Lucas 10:27 dice: "Aquel respondiendo, dijo: Amarás al Señor tu Dios con todo tu corazón, y con toda tu alma, y con todas tus fuerzas, y con toda tu mente; y a tu prójimo como a ti mismo". Esta debería ser nuestra prioridad número uno. Debemos aprender a amar a Dios con todo nuestro ser y permitir que ese amor alcance a nuestro prójimo. Bajo ninguna circunstancia debemos tolerar actos de violencia,

> Haz lo que puedas para buscar la santidad, la pureza y el honor en tu relación.

1. Kristen Clark y Bethany Beal, *El amor definido por Dios* (Grand Rapids: Portavoz, 2020), p. 198.

persecución, injusticia o daño contra alguien que se identifique con la comunidad LGBTQ. De hecho, deberíamos hacer lo contrario. Nosotras, como mujeres cristianas, deberíamos ser las primeras en amar y acercarnos a aquellos que luchan por comprender de manera correcta y bíblica su sexualidad. Deberíamos ser las que les invitamos a la iglesia y les demos la bienvenida a nuestros hogares. Debemos ser intencionales en mostrar amor genuino como el de Cristo a quienes adoptan el distintivo LGBTQ.

Cuando pienses en el debate sobre el movimiento LGBTQ, recurre siempre a la Biblia y pregúntate qué dice Dios al respecto. Al fin y al cabo, la opinión de Dios es la que realmente importa en este debate. Como vimos en el capítulo 6, la identidad sexual es una realidad asignada por Dios. A lo largo de las Escrituras, queda muy claro que Dios nos diseñó a cada una de nosotras y nos asignó nuestro género de acuerdo con su voluntad perfecta. Debemos ser fieles a las Escrituras y permitir que la eterna Palabra de Dios forme y defina nuestro punto de vista sobre la opinión y los debates con respecto a la comunidad LGBTQ.

Necesitamos esforzarnos por amar a todas las personas de manera integral y misericordiosa, sin dejar de aceptar la verdad de Dios.

5. ¿CÓMO MANEJO MI ATRACCIÓN SEXUAL HACIA EL MISMO SEXO?

Si no has leído la historia de Jackie Hill Perry, que vimos en el capítulo 6, te recomendamos que la leas antes de continuar leyendo esta sección. Su historia está relacionada con lo que estás enfrentando y atravesando. Al pensar en tu vida y en los deseos pecaminosos que te tientan, recuerda que la atracción hacia el mismo sexo es solo eso: un deseo pecaminoso. Lo importante es cómo respondes a ese deseo pecaminoso.

Cuando piensas en tu propia vida y en la atracción hacia el mismo sexo con la que estás lidiando, recuerda que el enemigo tratará de llenarte de miedo y vergüenza a fin de mantenerte alejada de Jesús. El enemigo quiere que creas que eres rara o muy diferente de los que te rodean por tener esta lucha. Quiere que te sientas atrapada e incapaz de pedir ayuda (ver Juan 10:10). Sin embargo, Dios no te ve así. Como dijimos anteriormente, todas hemos sido creadas a imagen de Dios, y cada una de nosotras refleja la imagen de nuestro Creador. Dios siempre está cuando lo necesitamos.

Dios también quiere que vengas a Él tal como eres. Él está listo para recibirte con los brazos abiertos y comenzar una obra nueva en tu corazón. Quiere moldearte y transformarte desde lo más profundo de tu ser. Lo hizo por Jackie Hill Perry y también puede hacerlo por ti. Él puede rescatarte y librarte de esta lucha.

> Dios siempre está cuando lo necesitamos.

Acudir a Jesús, abrirle tu corazón y permitir que Dios entre en esta área de tu vida es la mejor manera de manejar tu atracción hacia el mismo sexo. Él es el único que tiene el poder de transformar tu corazón y cambiar tus deseos internos. Confía y cree que Él puede hacer esa obra poderosa en ti.

6. ABUSARON SEXUALMENTE DE MÍ CUANDO TENÍA SIETE AÑOS. TODAVÍA NO HE SANADO DE ESE PASADO Y NO SÉ QUÉ HACER. ¿PUEDEN AYUDARME?

Lamentamos que hayas experimentado tal forma de abuso. Nuestros corazones se duelen por ti y por cualquiera que haya sufrido de manera similar. Queremos que sepas que, como mujeres cristianas, estamos comprometidas a oponernos a cualquier forma de abuso. Es pecaminoso, incorrecto y está completamente en contra del sentir de Dios para su creación. Te alentamos a que te tomes un momento para leer, al final de este libro, el apéndice titulado: "Encuentra esperanza y sanidad del abuso sexual".

El Dr. Heath Lambert, un pastor cristiano y consejero bíblico, fue víctima de abuso infantil durante más de una década.

Valoramos sus palabras sobre este tema: "Todos los cristianos deben estar unidos contra cualquier forma de abuso. No hacerlo es no apoyar a nuestro Dios creador, que ordena que los fuertes protejan a los débiles".[2] Ese es nuestro sentir para todas las mujeres. Que los fuertes protejan a los débiles, y que aquellos que tienen voz sean una voz para aquellos que no la tienen.

Para aquellas de ustedes que han sido maltratadas y abusadas, Dios se preocupa mucho por ustedes. Su propio Hijo, Jesucristo, vino a esta tierra y fue ilegalmente maltratado y abusado hasta la muerte. Dios tiene una compasión especial por quienes han sufrido como lo hizo su Hijo. Según las Escrituras: "Maldito el que pervirtiere el derecho del extranjero, del huérfano y de la viuda" (Deuteronomio 27:19). Y...

> Por la opresión de los pobres, por el gemido de los menesterosos,
> Ahora me levantaré, dice Jehová;
> Pondré en salvo al que por ello suspira (Salmo 12:5).

Dios presta especial atención a aquellos que sufren injustamente.

La sanidad y la restauración son posibles (el Dr. Heath Lambert es un ejemplo increíble de esta sanidad), pero toma tiempo. Las dos te recomendamos encarecidamente que cuentes tu historia a una mujer cristiana de confianza. Con su sabiduría y orientación, juntas podrán descubrir el mejor plan de acción para tu sanidad.

7. NO ESTOY SEGURA DE CÓMO DEJAR ATRÁS MI PASADO SEXUAL PARA QUE NO ME IMPIDA SEGUIR ADELANTE. ¿PUEDO COMENZAR DE NUEVO?

Dios desea que experimentemos sanidad, perdón y libertad del pecado. Esa es la razón por la que envió a Jesús a la cruz.

---

2. Heath Lambert, "A Personal Statement on Abuse", Association of Certified Biblical Counselors, 8 de mayo de 2018, https://biblicalcounseling.com/2018/05/abuse/.

Dios no envió a Jesús a morir por nuestra perfección, sino a morir por nuestras imperfecciones (ver Juan 3:16-18; 1 Corintios 15:1-3). También es importante recordar que Jesús vino a traernos la verdadera libertad. "Estad, pues, firmes en la libertad con que Cristo nos hizo libres, y no estéis otra vez sujetos al yugo de esclavitud" (Gálatas 5:1). Cristo no vino para que permanezcamos en nuestro pecado y nuestra desdicha, sino para que tengamos vida.

En *El amor definido por Dios*, incluimos un apéndice titulado "Encuentra la libertad y el perdón del pecado sexual pasado". Aquí hay un fragmento que resume nuestro sentir sobre esta pregunta:

> Queremos que sepas que tu Creador te ama y te valora, sea cual sea tu pasado. Sí, a Dios le aflige nuestro pecado y nos llama al arrepentimiento, pero eso no cambia su amor supremo por nosotras. Tu valor no lo define lo que has hecho o lo que otros te han hecho. Tu valor lo define solo Dios. Y, gracias a Él, tienes un valor inconmensurable. Tienes una importancia intrínseca porque estás hecha a la imagen de Dios (ver Génesis 1:26).[3]

En vista de estas importantes verdades, reconocemos que el pecado tiene consecuencias. Las elecciones pecaminosas de todas las personas causan resultados negativos en sus vidas. Es importante reconocer los efectos de tu pecado, pero no definir tu futuro según tus elecciones pasadas. Acepta el ofrecimiento de gracia de Jesús y sigue adelante como una hija de Dios que ha sido perdonada. Puedes aceptar el perdón de Dios y caminar en libertad.

Tu valor lo define solo Dios.

3. Clark y Beal, *El amor definido por Dios*, p. 257.

Nunca dejes de hacer esas preguntas que te haces en secreto

Esperamos que nunca dejes de hacer preguntas necesarias. No tengas miedo de levantar la mano y hacer la pregunta que todas se hacen en secreto. Busca con denuedo la verdad. Continúa pensando con profundidad y buscando respuestas bíblicas a cada pregunta que no te animas a hacer. Recomendamos visitar GirlDefined.com (solo en inglés) o avivanuestroscorazones.com para obtener artículos útiles que respondan a cientos de preguntas difíciles como estas.

Parte 4

Una joven sexualmente sana

13. LIBERTAD SEXUAL DURADERA

Ambas tenemos una obsesión que se apodera de nosotras cada diciembre. Apenas comienza el clima invernal y las luces de Navidad se encienden, algo extraño sucede dentro de nosotras. Un monstruo interior despierta de su sueño. Todo lo que hemos aprendido sobre la alimentación saludable se va por la borda. Solo hay una cosa que queremos... solo una cosa deseamos.

Café moca.

Nunca falla. Cuando llega diciembre, nos convertimos en mujeres adictas al café moca. Cada cafetería que pasamos nos invita a entrar. Nuestro impulso interno de probar esa bondad del chocolate nos persigue día y noche. ¡Mmm! Café expreso... servido con chocolate... y crema batida. Es como un efecto dominó, el primer sorbo de un café moca se convierte en docenas de otros más.

Un año bebimos tanto café moca que decidimos ponernos un apodo (sí, ¡puedes ponerte un apodo!). Nos llamamos cariñosamente "las chicas navideñas". Cada vez que nuestra familia cuestionaba en broma nuestra ingesta de café moca, simplemente respondíamos: "¡No se preocupen! ¡Solo somos las chicas navideñas!".

Esta tradición anual de beber café moca ha continuado durante años, pero esta es la cuestión. No es que, a principios de cada diciembre, demos rienda suelta a nuestra obsesión por el café moca. De hecho, comenzamos el mes con la gran determinación de evitar el café moca. Sabemos que no es bueno para nuestra salud o nuestra cintura. Nos adiestramos interiormente a pensar: *Este año va a ser diferente. ¡Menos café moca!* Sin embargo, como un reloj, nuestros antojos nunca fallan. Nuestra chica navideña interior nos seduce con su tentación chocolatera. Y, para el 7 de diciembre, ya caímos en la trampa.

Aunque no hay nada intrínsecamente malo o pecaminoso en beber café moca durante la época navideña, nos hemos dado cuenta de algo profundo a través de esta experiencia anual: nuestra resolución interna no es tan fuerte como pensábamos. Tener la determinación de hacer algo y *realmente* hacerlo son dos cosas muy diferentes.

Cuando se trata de problemas de la vida un poco más graves que un café moca, hemos visto este mismo patrón de intento y fracaso. A lo largo de los años, hemos tenido muchos otros momentos más serios en los que, en silencio, prometimos a Dios que nunca más cederíamos a *eso*. Silenciosamente, prometimos a Dios que dejaríamos de hacer eso. Seríamos más fuertes ¡La próxima vez! Solo necesitábamos esforzarnos más; pero entonces... el tiempo pasaba y la tentación volvía a aparecer. Y, efectivamente, nuestra firme decisión y determinación se desmoronaban. Sin darnos cuenta, estábamos en ese mismo lugar de derrota otra vez.

Al hablar con otras mujeres cristianas a lo largo de los años, nos hemos dado cuenta de que este ciclo de tentación y fracaso no es exclusivo de nosotras. No somos las únicas que nos preguntamos si es posible un cambio duradero. Mujeres cristianas de todas partes se han preguntado lo mismo. *¿Realmente puedo vencer este pecado en mi vida? ¿Es posible decir "no" a la lujuria? ¿Alguna vez seré verdaderamente libre de esta lucha?*

Al hacernos estas preguntas de manera personal, notamos un grave problema. Aunque crecimos en una familia cristiana y asistíamos a la iglesia todas las semanas, nos faltaba un aspecto clave para saber cómo ganar la batalla contra el pecado. No entendíamos de manera cabal cómo la muerte y resurrección de Jesús nos daba poder cada día para decir "no" al pecado. Por consiguiente, nos encontrábamos atrapadas en el enloquecedor ciclo del café moca en que siempre nos esforzábamos más, pero no podíamos experimentar un cambio duradero. Si esto te describe, sabemos lo desalentador que puede ser este ciclo. Sabemos lo desesperante que puede ser. Pero, antes de tirar la toalla, escucha esto: la teología importa.

Esforzarnos más no era la verdadera solución.

La razón por la que no experimentábamos un cambio duradero no fue porque Dios no era lo suficientemente fuerte, sino porque nosotras no éramos lo suficientemente fuertes. Esforzarnos más no era la verdadera solución. No fue hasta que interpretamos correctamente a Dios que descubrimos cómo abandonar nuestro pecado de manera real.

La teología es más rica que un café moca

Mencionar una palabra como *teología* hará que algunas de ustedes se emocionen y que otras quieran ir a tomar una siesta; pero, sea cómo sea que te haga sentir, quédate con nosotras. La teología no es aburrida cuando transforma tu vida. Y la teología que estás a punto de descubrir podría transformar la tuya. En serio. Esta teología es más rica que un café moca. Y ya sabes cuánto nos gusta el café moca...

Para empezar, si nosotras, como mujeres cristianas, queremos experimentar el poder de Dios en nuestras vidas de manera real y tangible, debemos entender cómo aceptar estas dos realidades teológicas:

1. LA AUTORIDAD DE LA GRACIA PERDONADORA DE DIOS.
2. EL PODER DE LA GRACIA TRANSFORMADORA DE DIOS.

La mayoría de nosotras sabemos que el poder para cambiar

proviene de Dios, pero luego vivimos como si viniera de nosotras. Decimos que entendemos la gracia transformadora de Dios, pero luego buscamos en nosotras mismas el poder para cambiar. ¡Sí!... ¿Pueden levantar la mano todas las culpables? A nosotras nos ha sucedido.

Aquí está la primera verdad que debemos entender: el perdón de Dios es real. Cuando nos arrepentimos de manera genuina ante Dios por cualquier pensamiento lujurioso, mirada indebida o acción inmoral, Dios promete perdonarnos (ver 1 Juan 1:9). *¡Eso!* Ya está. Somos perdonadas. Sin embargo, donde la mayoría de nosotras nos equivocamos es que decimos que somos perdonadas, pero luego continuamos llevando la vergüenza y la culpa al futuro como si no lo fuéramos. Cuando hacemos eso, mostramos que no comprendemos la autoridad de la gracia perdonadora de Dios. O somos completamente perdonadas o no lo somos. No hay término medio en el libro de Dios. Debemos recibir por completo su perdón. Debemos caminar en la autoridad de esa libertad. Debemos dejar la vergüenza y la culpa en el pasado. En su libro *Finally free*, el Dr. Heath Lambert escribe con sabiduría: "La esperanza de una transformación duradera comienza cuando clamas a Dios arrepentido y le suplicas su gracia perdonadora y transformadora. Si pides estas cosas con fe, *Él nunca te las negará*".[1] Así es como funciona la gracia perdonadora de Dios. No la merecemos, pero, en su bondad, Dios promete concedernos su gracia cuando se la pedimos. Aceptar la autoridad de la gracia perdonadora de Dios es el primer paso. Quédate con nosotras. Se pone aún mejor.

> Debemos dejar la vergüenza y la culpa en el pasado.

El siguiente paso es asegurarnos de tener una comprensión

1. Heath Lambert, *Finally Free: Fighting for Purity with the Power of Grace* (Grand Rapids: Zondervan, 2013), p. 28.

bíblica del poder de la gracia transformadora de Dios. Esto es lo que nos da la capacidad de romper hábitos pecaminosos y vivir en libertad duradera. ¡Sí! ¡Queremos esto! El Dr. Lambert señala que nuestra fuerza para vivir de una manera nueva proviene de la poderosa gracia de Dios:

> La gracia perdonadora es maravillosa y esencial, pero los pecadores necesitan más que el perdón. No es suficiente que nuestras deudas hayan sido pagadas; también necesitamos gracia para vivir como Jesús; necesitamos gracia que nos transforme para que podamos ser como Él en su santidad y amor. En Romanos 6:4, Pablo declara: "Porque somos sepultados juntamente con él [Cristo] para muerte por el bautismo, a fin de que como Cristo resucitó de los muertos por la gloria del Padre, así también nosotros andemos en vida nueva.[2]

Dios nos llama a vivir una nueva vida en Cristo. Una vida libre de las garras del pecado sexual. Dios no nos llamaría a vivir de esta manera sin darnos la fuerza para hacerlo. Aquí es donde entra en juego su gracia transformadora. En lugar de depender de nuestra propia fuerza, debemos recordar que no somos suficientes... pero Dios sí lo es. Necesitamos depositar nuestra confianza en el poderoso, pero invisible Dios, que vive en nosotras. Debemos creer que Dios es real y que nos ayudará a cambiar si se lo pedimos.

Según Romanos 6:11: "Así también vosotros consideraos muertos al pecado, pero vivos para Dios en Cristo Jesús, Señor nuestro". En este versículo, el apóstol Pablo dice en esencia que debemos dejar de creer la mentira de que nuestro pecado es más grande que Dios. Debemos creer que Cristo venció el poder del pecado en la cruz y, por lo tanto, destruyó su poder en nuestras vidas. Estamos muertas al poder controlador del pecado. Heath Lambert señala: "Pablo dice que estás muerto al pecado y vivo para Dios en Cristo cuando lo *consideras* verdad;

2. Lambert, *Finally Free*, p. 21.

es decir, cuando lo crees. Si quieres cambiar y ser como Cristo, ya sea en el ámbito del [pecado sexual] o en cualquier otro, debes creer que en Jesús tienes el poder de cambiar".[3]

Creer. Ese es el fundamento de nuestra salvación, y también es el fundamento para vencer el pecado. Debemos transferir nuestro conocimiento teórico sobre Dios a una creencia genuina sobre quién es Dios. Si aceptamos estas dos realidades teológicas, avanzaremos en nuestro viaje hacia la libertad.

¿Ves? La teología no siempre es aburrida, pero para aquellas de ustedes que aun así querían tomar una siesta, está bien. Ahora, seamos prácticas por un minuto. ¿Dónde estás actualmente en todo esto? ¿Crees que el poder de Dios que opera en ti es suficiente para vencer el pecado sexual en tu vida (ver Efesios 1:19-21)? ¿Crees de todo corazón que Dios es suficientemente fuerte para ayudarte a cambiar tus deseos de lujuria por deseos piadosos? Aquí es donde la teoría se pone a prueba, y comienza con la creencia genuina de que Dios puede ayudarte a cambiar. "Solo el motivo de la gracia —confiar en el favor inmerecido de Dios— puede inspirarnos a buscar la santidad sin temor ni vergüenza".[4]

Debemos transferir nuestro conocimiento teórico sobre Dios a una creencia genuina sobre quién es Dios.

Ninguna de las dos experimentamos un cambio duradero en nuestras vidas hasta que aceptamos por completo estas verdades. Nuestras buenas obras nunca fueron suficientes. Nuestros esfuerzos y nuestra determinación siempre se quedaron cortos. Cuando creímos en la autoridad de la gracia perdonadora de

---

3. Lambert, *Finally Free*, p. 21.

4. Joshua Harris, *Sex Is Not the Problem (Lust Is)* (Colorado Springs: Multnomah, 2003), p. 27.

Dios y en el poder de la gracia transformadora de Dios, poco a poco fuimos avanzando hacia un cambio duradero.

Con la gracia de Dios como fundamento, veremos algunos pasos prácticos sobre cómo crecer y cambiar cada día.

Fuera lo viejo, venga lo nuevo

Una vez escuchamos una historia sobre una mujer que vivía en una región remota del mundo. Nunca antes había visto un país desarrollado y no tenía ni idea de cómo era la vida fuera de su pueblo. Después que algunos misioneros visitaran su aldea, se convirtió a Cristo y, finalmente, viajó a los Estados Unidos. Al llegar, se dio cuenta de que su ropa desgastada no sería adecuada para vivir en este nuevo país. Sin embargo, no sabía qué ponerse o cómo comprar ropa nueva. Con la ayuda de sus nuevas amigas, aprendió a comprar y vestirse para la vida en los Estados Unidos. Se quitó la ropa vieja y se puso la nueva y rápidamente descubrió cuánto le gustaba. Nunca más volvió a usar su ropa vieja.

Nunca más volvió a usar su ropa vieja

Esta historia es una excelente ilustración de cómo Dios quiere que cambiemos y crezcamos como jóvenes cristianas. Al igual que la ropa vieja de la que nos deshacemos porque ya no es la adecuada, *nos quitamos* nuestra antigua manera de vivir pecaminosa y la reemplazamos por una nueva manera de vivir piadosa. En Efesios 4 encontramos algunos pasos sumamente prácticos y realistas para crecer y cambiar: "Pero eso no es lo que ustedes aprendieron acerca de Cristo. Ya que han oído sobre Jesús y han conocido la verdad que procede de él, desháganse de su vieja naturaleza pecaminosa y de su antigua manera de vivir, que está corrompida por la sensualidad y el engaño. En cambio, dejen que el Espíritu les renueve los pensamientos y las actitudes. Pónganse la nueva naturaleza, creada para ser a la semejanza de Dios, quien es verdaderamente justo y santo" (vv. 20-24, NTV).

Algunos han bautizado este pasaje de Efesios como el de "quitarse y ponerse la ropa". Contiene una guía útil de tres pasos, el método de quitarse y ponerse la ropa para poder crecer y cambiar. Al escribirlo, Pablo eligió intencionalmente la ilustración de la ropa para hacerlo más comprensible. Como mujeres, deberíamos agradecer formalmente a Pablo por esta analogía con la que nos podemos identificar. ¿Ropa? ¿Compras? ¡Nacimos para ello! La expresión *quitarse y ponerse la ropa* se puede encontrar en la literatura griega como la descripción de una persona que se está cambiando de ropa. En referencia a este pasaje, el pastor y escritor Steve Viars declara: "Para crecer, hay que quitar algo y poner algo en su lugar. Eso es lo que hacemos cuando nos cambiamos de ropa. Por eso nos referimos a esto como el principio del reemplazo".[5]

Sea cual sea tu lucha en este momento, este método bíblico puede ayudarte a dejar tu pecado atrás, crecer y cambiar. Este método ha marcado un antes y después en nuestra vida, desde que hemos seguido fielmente cada paso. A medida que confíes en la gracia de Dios para poder cambiar, estos tres pasos prácticos te ayudarán a lo largo de tu experiencia.

Veamos cuáles son.

CÓMO CRECER Y CAMBIAR

Al leer este método de tres pasos, te recomendamos que lo hagas personal y que escribas tus respuestas en las líneas proporcionadas. Si tomas en serio estos tres pasos, aprenderás cómo crecer y cambiar eficazmente como joven cristiana. Entonces, toma un bolígrafo o un lápiz ahora mismo y completa cada sección a medida que avanzas en la lectura.

5. Steve Viars, "Learning How to Grow—Ephesians 4:22-24", Faith Church, 28 de agosto de 1990, https://www.faithlafayette.org/resources/lessons/learninghowtogrowephesians42224.

Primero: DESHAZTE DE TU VIEJA NATURALEZA PECAMINOSA (EFESIOS 4:22, NTV)

El primer paso hacia un cambio es identificar qué necesitas cambiar en tu vida. Así como te quitas la ropa vieja, tienes que deshacerte intencionalmente de tu antigua manera de vivir. Sé específica. ¿Qué hábitos pecaminosos necesitas romper? ¿En qué pensamientos lujuriosos necesitas dejar de pensar? Escríbelos en las líneas de abajo.

Ejemplos:

Fantasías

Masturbación varias veces a la semana

1. ______________________________

____

____

2. ______________________________

____

____

3. ______________________________

____

____

A medida que identificas el ejercicio de tu pecado sexual, es importante reconocer que aquí está ocurriendo un problema más profundo de corazón. Cada expresión del pecado sexual es simplemente el resultado de que tu corazón ama a tu *yo* más que a Dios. La Biblia llama a esto idolatría (ver Colosenses 3:5). Cuando cedes al pecado sexual, estás creyendo la mentira de que el placer pecaminoso es mejor que honrar a Cristo. Esta es la razón por la cual Efesios no solo te exhorta a *deshacerte* de la acción pecaminosa, sino también a cambiar tu manera de pensar acerca de tu pecado. Necesitas ver la idolatría que hay en buscar tu lujuria más que a Dios y, en cambio, buscar lo que es verdadero y justo.

Para deshacerte de tu comportamiento pecaminoso, debes tomar las medidas intencionales de renovar tus pensamientos y actitudes con la verdad de Dios. Dado que no tienes sabiduría en ti misma, necesitas la sabiduría justa de Dios.

Segundo: RENUEVA TUS PENSAMIENTOS CON LA VERDAD (EFESIOS 4:23, NTV)

Para crecer y cambiar tu manera de pensar, necesitas aprender y creer lo que es verdad. Esta es la clave. Tu manera de pensar determinará tu manera de vivir. Piensa en la sección anterior sobre la necesidad de deshacerte de tu vieja naturaleza e identifica una mentira específica que hayas creído y te haya llevado a actuar en pecado (por ejemplo, esta elección me brindará una satisfacción duradera, este placer momentáneo vale la pena, no es tan grave, etc.). ¿Cómo quiere Dios que pienses con respecto a esa mentira?

Renovar tus pensamientos con la verdad continuará mientras estudias la Palabra de Dios y aprendes más sobre lo que es correcto y justo; pero, por ahora, tómate un tiempo para encontrar al menos un versículo que contrarreste una de las mentiras / pecados específicos de arriba.

Ejemplos:

Pensar en cosas puras. "Por lo demás, hermanos, todo lo que es verdadero, todo lo honesto, todo lo justo, todo lo puro, todo lo amable, todo lo que es de buen nombre; si hay virtud alguna, si algo digno de alabanza, en esto pensad" (Filipenses 4:8).

Usar mi cuerpo en santidad y honor. "Pues la voluntad de Dios es vuestra santificación; que os apartéis de fornicación; que cada uno de vosotros sepa tener su propia esposa en santidad y honor; no en pasión de concupiscencia, como los gentiles que no conocen a Dios" (1 Tesalonicenses 4:3-5).

1. ____

2. ____

3. ____

Aprender a renovar tus pensamientos con verdades específicas de la Palabra de Dios es un paso esencial en este método de quitarse y ponerse la ropa. A medida que aprendas y creas la verdad de Dios, tu corazón será transformado y te llevará a amar a Cristo por encima de todas las cosas.

Tercero: VÍSTETE DE JUSTICIA (EFESIOS 4:24)

Hasta aquí has identificado de qué elecciones pecaminosas y mentiras subyacentes debes deshacerte. Has descubierto verdades de la Palabra de Dios, que te ayudarán a renovar tu mente y pensar de manera bíblica. Este es el momento de poner en práctica la verdad y vestirte de justicia: "Pónganse la nueva naturaleza, creada para ser a la semejanza de Dios, quien es verdaderamente justo y santo" (Efesios 4:24, NTV). No es suficiente con dejar de hacer algo malo. En cambio, debes comenzar a hacer algo bueno de manera intencional. El término *nueva naturaleza* se refiere a tu nueva identidad en Cristo. Ya no eres esclava del pecado porque Cristo te ha hecho libre. Este versículo te está llamando a vestirte de la justicia de Cristo en la vida cotidiana.

Piensa en las dos primeras secciones, ¿qué pasos específicos debes tomar para ponerte la ropa de la verdad y la justicia? ¿Cómo sería para ti vivir una vida que honre a Dios en cada una de esas áreas? Escribe tus respuestas en las siguientes líneas, que reflejen las dos primeras secciones.

Ejemplos:

Memorizar versículos específicos sobre la pureza y pensar en estos a lo largo del día. Cada vez que un pensamiento lujurioso aparezca en mi cabeza, reencauzaré mis pensamientos al meditar en versículos, orar o pensar en todo lo puro.

Orar cada día por la fortaleza de Dios para usar mi cuerpo en santidad, servicio y amor a los demás. Me esforzaré por mantenerme ocupada haciendo cosas buenas y puras (por ejemplo, leer la Biblia antes de dormir, escuchar *podcasts* centrados en Cristo, orar hasta que me duerma, etc.) durante los momentos cuando generalmente me siento tentada a masturbarme.

1. ____

____

____

2. ____

____

____

3. ____

____

____

Ponerte tu *nueva naturaleza* debe ser una búsqueda diaria y continua. Necesitarás intencionalidad, disciplina y una humilde confianza en la gracia transformadora de Dios.

Crecer y cambiar como joven cristiana no tiene que ser una búsqueda misteriosa. Dios nos ha dado Efesios 4 para ayudarnos a buscar la justicia en nuestras vidas. Cuando dejamos de pecar, renovamos nuestros pensamientos con la verdad y nos vestimos de justicia, Dios nos da poder para crecer y cambiar en *cualquier* lucha con el pecado.

El viaje no es una carrera de gran velocidad: es una maratón

Cuando miramos atrás en nuestras vidas, nos sentimos sinceramente alentadas por lo que vemos. ¡Ya no somos quienes solíamos ser! Dios nos ha transformado y nos ha hecho madurar. Nos ha ayudado a superar todo tipo de luchas con el pecado. Pensar en la fidelidad de Dios en nuestro pasado nos da fuerzas para el futuro. Claro, todavía luchamos regularmente con la tentación, y no tenemos vidas perfectas; pero, por el poder de la gracia de Dios, hemos sido liberadas del pecado sexual rutinario.

A medida que avanzas hacia la libertad en Cristo, solo recuerda que el viaje hacia el crecimiento espiritual y la madurez no es una carrera de gran velocidad, sino una *maratón*. Es una carrera de larga distancia donde debes correr fielmente cada kilómetro. Es la búsqueda diaria de amar y adorar a Jesús con más devoción. Es la decisión hora a hora de confiar en la gracia y el poder de Dios. Es la decisión minuto a minuto de rechazar la tentación y, en cambio, buscar la justicia.

Si eres una maratonista, puedes identificarte con esta analogía de manera tangible. Sabes que se necesita disciplina diaria y perseverancia para ser una maratonista exitosa. Yo (Bethany) corrí mi primera maratón hace unos años. Fue una de las cosas más difíciles que he hecho, pero estoy muy contenta porque me dio una nueva valoración de la carrera fiel de la vida cristiana. A pesar de lo difícil que fue correr la maratón, me ayudó a comprender mejor la metáfora espiritual de correr con paciencia, que se encuentra en la Palabra de Dios:

> Por tanto, nosotros también, teniendo en derredor nuestro tan grande nube de testigos, despojémonos de todo peso y del pecado que nos asedia, y corramos con paciencia la carrera que tenemos por delante, puestos los ojos en Jesús, el autor y consumador de la fe, el cual por el gozo puesto delante de él sufrió la cruz, menospreciando el oprobio, y se sentó a la diestra del trono de Dios (Hebreos 12:1-2).

Como si estuviéramos corriendo una carrera física, estamos llamadas a correr esta carrera de la vida con paciencia, porque la vida no es fácil. Algunos días serán difíciles. Habrá tropezones y caídas. La meta no es tener una vida perfecta, sino luchar fielmente por Cristo.

La meta no es tener una vida perfecta, sino luchar fielmente por Cristo.

Mientras corres esta carrera de la vida, mantén tus ojos fijos en Jesús. Al poner tu corazón en adorarlo, estarás continuamente fortaleciéndote para el viaje. Búscalo para recibir fuerzas para llegar a la meta. Búscalo para llenarte de alegría mientras corres. Búscalo para encontrar satisfacción más que en cualquier placer sexual. Pon tu vida, esperanza y futuro en sus manos y di:

"Señor, ayúdame a correr fielmente cada día para tu gloria". A medida que confíes más en Él y lo busques con más fervor, Él te dará exactamente lo que necesitas.

Y, si alguna vez necesitas otra bebida estimulante en el camino, te recomendamos que bebas un café moca.

14. ¡SATISFECHA, AL FIN!

Agarramos nuestras toallas de playa y nos dirigimos a la camioneta. Con nuestra madre en el asiento del conductor y nuestros cinco hermanos menores en las filas de atrás, cerramos la puerta y fuimos al río. Para nosotras, absolutamente nada era mejor que pasar un caluroso día de verano en Texas nadando en el río Guadalupe. A las dos nos encantaba pasar tiempo allí, tomando el sol, relajadas sobre nuestros flotadores y divirtiéndonos en charlas de hermanas durante todo el día. Era genial.

Llegamos al río después de un buen viaje de treinta minutos por el Texas Hill Country. Los niños saltamos rápidamente de la camioneta y corrimos a ocupar nuestro lugar a la orilla rocosa del río.

Se suponía que a partir de ese momento pasaríamos un tiempo de descanso y relajación.

A medida que avanzaba el día y el sol poco a poco tornaba nuestra piel pálida en un tono bronceado, de repente (Bethany), tuve un mal presentimiento. Me di cuenta de que había olvidado quitarme mi collar de plata favorito antes de salir de casa esa mañana.

Me toqué el cuello. No tenía el collar. Corrí hasta mi bolso de playa y busqué todas mis cosas hasta el fondo. El collar no estaba. Me pasé las horas siguientes de arriba a abajo en el río. Estaba decidida a hacer lo que fuera necesario para encontrar mi collar. Desgraciadamente, el resto del día llegó y se fue rápidamente. Seguía sin encontrar el collar. Lo había perdido para siempre.

El largo viaje a casa fue triste para mí. Estaba enfrentando el hecho de que mi collar favorito se había perdido en el río y no había nada que pudiera hacer para recuperarlo.

Mientras estaba sentada en la camioneta, con una gran pena por mi pérdida, de pronto apareció en mi mente un pasaje de las Escrituras que había memorizado a principios de ese mes:

> Mejor me es la ley de tu boca
> Que millares de oro y plata (Salmo 119:72).

La idea de que Cristo era más valioso y gratificante que millares de oro y plata me hablaba de una manera nueva. Miles de piezas de joyería son muchas y valen mucho dinero. Y se supone que Cristo es mucho más valioso para mí que todas esas.

Me preguntaba: *¿Cuándo fue la última vez que vi a Dios de esa manera tan valiosa? ¿Está mi alma tan satisfecha en Cristo que lo deseo por encima de todas las cosas?* Poco a poco, un sentimiento de convicción comenzó a inundar mi corazón. Cuando me detuve a comparar mi amor por ese collar de plata con mi amor por Dios, no había ni punto de comparación. No consideraba a Dios como algo tan valioso. No lo veía como si valiera más que el oro o la plata. No estaba plenamente satisfecha en Él.

Quería amar a Dios más que al oro y la plata.

Dios usó ese pequeño collar de plata para cambiarme en muchos sentidos. Quería que las palabras del Salmo 119 se hicieran realidad en mi vida. Quería amar a Dios más que al oro y la plata. Quería amarlo más que a mi joya más especial. Quería amarlo más que a nadie ni a nada en mi vida. Quería que mi corazón se llenara de un deseo desbordante de aprecio por mi Salvador. Quería encontrar mi plena satisfacción en Él.

Delicias para siempre

Nosotras, como mujeres, buscamos satisfacción en muchas cosas diferentes. Recurrimos al dinero, las joyas, el sexo, el ejercicio físico, el matrimonio, los hombres, las riquezas... y la lista puede ser interminable. Buscamos estas cosas con la esperanza de encontrar verdadera paz, verdadera alegría, verdadera satisfacción. Sin embargo, nunca las encontramos. Ni siquiera el cuerpo más sexy o la pareja más excitante podrían brindarnos una verdadera satisfacción. De hecho, nada en la tierra podría satisfacernos por completo, porque fuimos creadas para algo más.

Phillip Holmes señala lo siguiente sobre el diseño de Dios para nosotros:

> Fuimos diseñados para algo más que la frívola búsqueda de placer. La dura verdad es que nunca encontraremos deleite si lo seguimos buscando en las posesiones o las personas. Buscar satisfacción en las cosas de este mundo es como perseguir al viento. Una vez que finalmente estés agotado y cansado de tu persecución, estarás con las manos vacías y decepcionado. Habrás perdido un tiempo valioso al perseguir nada cuando podrías haber estado buscando la alegría y la paz verdaderas.[1]

John Piper continúa este pensamiento con estos detalles:

> Dios es la fuente de la alegría, porque es deslumbrantemente glorioso e infinitamente digno, maravillosamente bello, asombroso en poder, inescrutable en sabiduría e ilimitado en conocimiento, tierno en misericordia y terrible para la ira, y la fuente y fundamento de toda verdad, bondad y belleza. Cuando lo vemos por lo que realmente es, y nos alejamos de todas las cisternas rotas de este mundo que no pueden

1. Phillip Holmes, "Only Christ Can Truly Satisfy", Desiring God, 8 de octubre de 2015, https://www.desiringgod.org/articles/only-christ-can-truly-satisfy.

satisfacer (Jeremías 2:13), hallamos 'gozo inefable y glorioso' (1 Pedro 1:8).[2]

Encontrar satisfacción en Cristo debe ser nuestra búsqueda principal. Si queremos experimentar los verdaderos placeres que Cristo puede ofrecernos, tenemos que ir a Él.

> Me mostrarás la senda de la vida;
> En tu presencia hay plenitud de gozo;
> Delicias a tu diestra para siempre (Salmo 16:11).

Este versículo describe todo lo que realmente deseamos. Deseamos plenitud de gozo. Deseamos delicias para siempre. En Cristo, esas cosas llegan a ser nuestra realidad.

En los últimos años, las dos hemos seguido aprendiendo sobre la necesidad indiscutible de apreciar a Cristo por encima de todas las cosas en nuestras vidas. Hemos llegado a comprender que verdaderamente Dios satisface más que cualquier otra cosa que este mundo pueda ofrecernos.

Lo más importante

Aunque nuestra sexualidad es una parte integral de lo que somos, Dios nunca planeó que fuera el foco central de nuestras vidas. Como vimos en capítulos anteriores, nuestro diseño sexual tiene la intención de señalarnos la profundidad del amor de Dios por nosotras. Tiene el propósito de mostrarnos cuánto cuida de nosotras y, a cambio, cuánto debemos amarlo. Cuando no apreciamos a Dios ni encontramos nuestra plena felicidad en Él, no comprendemos lo esencial.

También es importante entender que vivir el diseño de Dios para nuestra sexualidad no se trata solo de ser mejores o esforzarnos más o abandonar las cosas inmorales de nuestras vidas.

2. John Piper, "There Is No Greater Satisfaction", Desiring God, 1 de octubre de 1990, https://www.desiringgod.org/articles/there-is-no-greater-satisfaction.

Si hacemos todas esas cosas que son "correctas", pero no tenemos una relación personal con Cristo, habremos pasado por alto lo más importante. No podemos estar tan atrapadas en "esforzarnos más", que nos olvidemos de Aquel que, a fin de cuentas, deberíamos apreciar.

Mientras más pongamos nuestros ojos en Cristo, más fácil será adoptar su diseño para nuestra sexualidad. Si realmente queremos convertirnos en mujeres que triunfen sobre el pecado habitual de lujuria y prosperen en libertad y pureza, debemos aprender a apreciar a Cristo por encima de todas las cosas.

Él es el único que puede satisfacernos plena y totalmente.

Aprecio por Cristo = Satisfacción

Aunque apreciar a Cristo es lo más importante que podemos hacer en nuestras vidas, saber cómo hacerlo a menudo puede ser un poco confuso. Tal vez te estés preguntando cómo es realmente apreciar a Cristo. Piénsalo de esta manera: cuando aprecias a otra persona, simplemente le das mucha importancia. Amas a esa persona y anhelas estar con ella. Valoras el tiempo que pasan juntas y te encanta comunicarte con ella.

Así es exactamente cuando apreciamos a Cristo.

Le damos mucha importancia. Lo amamos. Anhelamos estar con Él. Valoramos el tiempo que pasamos con Él y nos encanta comunicarnos con Él. Sabemos que podemos encontrar plenitud de gozo y delicias en su presencia para siempre, así que hacemos lo que sea necesario para estar cerca de Él. Esta es la esencia de apreciar a Cristo. Es comprender que, cuando lo apreciamos, encontramos la satisfacción que nuestras almas realmente anhelan.

Ahora bien, nos gustaría mencionar algunas de las formas en que hemos descubierto que apreciamos a Cristo.

Apreciamos a Cristo cuando lo adoramos con cánticos

Adorar a Dios con cánticos es una manera maravillosa de crecer en tu afecto por Él y estar en su presencia. Las mujeres solemos tener tanta prisa que no hacemos tiempo para este importante aspecto de la adoración a Dios. Hay algo renovador en poner nuestro foco en Cristo cuando cantamos alabanzas a él.

Hay un antiguo himno llamado: "Santo, Santo, Santo" que las dos cantamos en la iglesia desde niñas. Estas son algunas de nuestras estrofas favoritas:

¡SANTO! ¡SANTO! ¡SANTO! SEÑOR OMNIPOTENTE,
SIEMPRE EL LABIO MÍO LOORES TE DARÁ.
¡SANTO! ¡SANTO! ¡SANTO! TE ADORO REVERENTE,
DIOS EN TRES PERSONAS, BENDITA TRINIDAD.

¡SANTO! ¡SANTO! ¡SANTO! LA GLORIA DE TU NOMBRE
VEMOS EN TUS OBRAS EN CIELO, TIERRA Y MAR;
¡SANTO! ¡SANTO! ¡SANTO! TE ADORARÁ TODO HOMBRE,
DIOS EN TRES PERSONAS, BENDITA TRINIDAD.[3]

Puedes acceder a miles de excelentes himnos y canciones de adoración modernas en Internet que te ayudarán a apreciar a Cristo de esta manera maravillosa.

Apreciamos a Cristo cuando declaramos las Escrituras en oración

Hablar con Dios a través de la oración es una manera maravillosa de crecer en tu amor por Él. Es realmente increíble que el Dios del universo quiera comunicarse con cada una de nosotras. Él tiene mucho cuidado de nuestra vida y quiere hablar con nosotras.

Declarar las Escrituras en oración es una de las formas más fáciles de comenzar a desarrollar un corazón que aprecie a Cristo. Cuando oras las Escrituras, no tienes que pensar en decir las palabras perfectas o formar las mejores oraciones. Puedes usar la Biblia como ayuda.

---

3. Reginald Heber, "Holy, Holy, Holy", 1826. Título en español: "Santo, Santo, Santo", traducido por Juan Bautista Cabrera.

El libro de los Salmos es una parte excelente de la Biblia para comenzar. Solo elige un pasaje y comienza a leerlo versículo por versículo. Mientras lees, declara las palabras de manera personal.

Tómate un minuto para practicar la oración de las Escrituras con los siguientes dos pasajes:

> Como el ciervo brama por las corrientes de las aguas,
> Así clama por ti, oh Dios, el alma mía.
> Mi alma tiene sed de Dios, del Dios vivo;
> ¿Cuándo vendré, y me presentaré delante de Dios?
> (Salmo 42:1-2).

> Bendice, alma mía, a Jehová,
> Y bendiga todo mi ser su santo nombre.
> Bendice, alma mía, a Jehová,
> Y no olvides ninguno de sus beneficios.
> Él es quien perdona todas tus iniquidades,
> El que sana todas tus dolencias;
> El que rescata del hoyo tu vida,
> El que te corona de favores y misericordias;
> El que sacia de bien tu boca
> De modo que te rejuvenezcas como el águila
> (Salmo 103:1-5).

Mientras declaras el Salmo 42:1-2 en oración, pide a Dios que aumente y profundice tus deseos y anhelos de Él. A través del Salmo 103:1-5, agradece a Dios por todo lo que Él es y sigue siendo en tu vida. Declara cada versículo en oración de manera personal a favor de tu vida y tus circunstancias.

Apreciamos a Cristo cuando llevamos un diario personal de oración

Anotar tus oraciones en un diario personal es una excelente manera de plasmar tus pensamientos en papel y ayudarte a llevar un registro de lo que estás orando. A las dos siempre nos apasionó escribir en nuestros diarios personales. Desde niñas, escribíamos sobre cada aspecto de nuestras vidas. Independientemente de lo que sucediera durante el día, encontrábamos algo sobre lo que escribir. Hemos tomado esta misma idea y la hemos incorporado a nuestra vida de oración.

Cada una de nosotras lleva un diario personal específico como nuestro "diario personal de oración". Usamos estos diarios personales para escribir nuestras oraciones, pasajes de las Escrituras, excelentes citas textuales y diversas verdades que hemos estado aprendiendo.

Si nunca has tenido un diario personal de oración, te alentamos a comenzar uno. Toma un diario personal o cuaderno (no tiene que ser de lujo) y comienza a escribir tu primera oración. Ora por ti misma, ora por los demás, arrepiéntete de tus pecados, escribe alabanzas y simplemente escribe hasta que no se te ocurra nada más sobre lo que escribir. Incorporar un diario personal de oración a tu tiempo devocional es una maravillosa manera de mejorar tu vida de oración.

¡Satisfechas en Cristo, al fin!

Si realmente deseas plenitud de gozo y delicias para siempre, tienes que estar en la presencia de Dios. No hay ningún tesoro terrenal que pueda darte lo que tu corazón necesita. No hay placer sexual que pueda satisfacer tu alma de la manera que Dios diseñó. Tienes que apreciar a Cristo y encontrar tu satisfacción en Él. No hay atajos ni secretos para hacer que esto suceda. Solo tienes que comenzar a trabajar en desarrollar una relación con tu Salvador. Él es la respuesta a todos los deseos de tu corazón. Él es la respuesta a tus más profundos anhelos. Él es la respuesta a

No hay ningún tesoro terrenal que pueda darte lo que tu corazón necesita.

tu petición de satisfacción. El escritor Phillip Holmes señala: "Jesús supera nuestras expectativas, satisface nuestras necesidades y cumple nuestros deseos. Solo Cristo puede proporcionar la satisfacción y la alegría que tan desesperadamente buscamos".[4]

4. Holmes, "Only Christ Can Truly Satisfy".

15. SEXUALIDAD REDIMIDA

"¡La revista ya no está!", dijo Bethany en un susurro de pánico. Habían pasado varios días desde ese fatídico momento cuando nuestros jóvenes ojos habían visto imágenes pornográficas por primera vez. "¡En serio, la revista ya no está!".

Sorprendida por esa noticia inesperada, salí corriendo hacia el buzón de nuestro vecino. Con Bethany detrás de mí, ambas miramos hacia el removido montículo de tierra. Cuando nos acercamos, resultó evidente que la revista ya no estaba. Alguien la había descubierto.

Echamos un vistazo por el vecindario, y no vimos nada inusual. Luego nos miramos una a la otra, y Bethany preguntó en voz baja:

—¿Por qué alguien querría llevarse esa revista?

—No sé —respondí con una mirada perpleja.

Mientras caminábamos de regreso a nuestra casa, ambas nos preguntamos qué había sucedido.

A medida que transcurrían los días y las semanas, la revista desaparecida seguía siendo un misterio para nosotras. Nunca descubrimos quién se la llevó. Aunque estábamos curiosas ante ese giro de los acontecimientos, nos sentíamos sinceramente aliviadas de que ya no estuviera. No queríamos ver esas extrañas imágenes nunca más.

Como niñas de ocho y diez años, todavía no sabíamos nada sobre pornografía. No sabíamos qué era la lujuria. No sabíamos mucho sobre sexo. En nuestro mundo pequeño e inocente, no teníamos ni idea de que las páginas desgastadas y sucias de esa revista que volaban al viento eran solo un vistazo al extenso mundo que nos rodeaba. Nuestro viaje sexual apenas comenzaba.

Como hemos visto a lo largo de las páginas de este libro, cada una de nosotras está en un viaje sexual único. Cada una de nosotras ha estado expuesta al quebranto de la sexualidad de una forma u otra. Tal vez tu primer vistazo ocurrió a una edad aún más joven que la nuestra. Quizás abusaron de ti sexualmente. Quizás te topaste con un contenido explícito en línea. Quizás descubriste la masturbación a una edad temprana. Tal vez experimentaste cosas en tu hogar que desearías no haber experimentado.

Independientemente de cuándo haya comenzado tu viaje, lo cierto es esto: desde que eras una niña hasta ahora, tu sexualidad se ha visto afectada por el pecado en tu corazón y el entorno que te rodea. Lamentablemente, ninguna de nosotras escapa de esta realidad. Todas estamos sexualmente rotas de una forma u otra. Sin embargo, como también hemos visto a lo largo de este libro, ahí no termina la historia. El viaje no ha acabado.

Independientemente de lo doloroso, difícil, vergonzoso o lamentable que haya sido tu viaje sexual, no tiene la última palabra. Tus experiencias sexuales han *influenciado* tu vida, pero no te definen. Solo una Persona tiene la autoridad de definir quién eres, y ese es Jesucristo. Él tiene la última palabra. Si confiesas a Jesús como tu Señor y Salvador, eres una hija del Rey supremo y tu valor y mérito provienen solo de Él, no de lo que has hecho o de lo que te han hecho.

Jon Bloom, de *Desiring God*, lo expresa de una manera muy hermosa:

> Solo hay un refugio donde esconderse, que ofrece la protección que buscamos, donde toda nuestra vergüenza está cubierta y ya no necesitamos temer: el refugio es Jesucristo (Hebreos 6:18-20). La muerte y resurrección de Jesús es el único remedio para la vergüenza que sentimos por nuestros graves pecados y deslices (Hebreos 9:26). No hay otro lugar a donde ir con nuestro pecado; no hay otra salvación (Hechos

> 4:12). Sin embargo, si nos escondemos en Jesús, Él nos limpia por completo (1 Juan 1:9). Y cuando eso sucede, todas las promesas de Dios, que son sí en Cristo (2 Corintios 1:20), llegan a ser nuestras si las creemos y las recibimos.[1]

Esta es una maravillosa descripción de tu nueva identidad en Cristo. Independientemente de cómo haya comenzado tu viaje sexual, es hora de avanzar hacia la libertad y la gracia que Cristo te ofrece. La especialidad de Jesús es la restauración.

> Es hora de avanzar hacia la libertad y la gracia que Cristo te ofrece.

Una vida rota hecha nueva

Miraban hacia otro lado con disgusto cada vez que ella pasaba. Les parecía demasiado repulsiva para ni siquiera mirarla. Ella lo sabía. Con la cabeza baja, se apresuró a pasar junto a ellos. Esta situación era demasiado habitual para ella. Con lágrimas que corrían por su rostro, empezó a caminar más rápido. Solo necesitaba llegar a la casa.

Después de varios minutos de caminar por las calles estrechas y atestadas, finalmente la vio. Las luces estaban encendidas en su interior. El aroma a pan recién horneado llegaba hasta la puerta. Se detuvo para secarse las lágrimas, y respiró hondo. Luego vaciló. *¿Me atrevo a entrar sin que me hayan invitado… justamente aquí?* El miedo se apoderó de su corazón, pero esta era su única oportunidad. Tenía que hacerlo. Empujó la pesada puerta de madera para abrirla y miró hacia el interior. La sala estaba llena de personas que cenaban y conversaban. Echó un vistazo a la habitación repleta de gente, y se puso nerviosa. *¿Dónde está Él? ¿Dónde está Él?* El corazón le comenzó a latir

1. Jon Bloom, "Breaking the Power of Shame", *Desiring God*, 15 de julio de 2016, https://www.desiringgod.org/articles/breaking-the-power-of-shame.

más rápido, al final lo vio sentado al otro lado del salón. Con la cabeza baja, caminó rápidamente por la habitación llena de personas sin hacer contacto visual con nadie. Este no era un lugar acogedor para mujeres como ella. Y ella lo sabía, pero estaba desesperada. Al acercarse al Hombre que había ido a ver, no pudo contener las lágrimas. No pudo evitar llorar.

Demasiado avergonzada para mirarlo a los ojos, cayó a sus pies ahogada en llanto. De repente, todo el salón hizo silencio. Todos los ojos estaban puestos en esta visitante inesperada.

¿Qué está haciendo ella aquí? ¿Cómo se atrevió a entrar en esta casa? ¿No sabe que las prostitutas no son bienvenidas aquí?

El silencio llenó la habitación, pero eso no la detuvo. Con lágrimas en su rostro, abrió un pequeño frasco de perfume. Vertió el ungüento sobre los pies sucios de Jesús y usó su propio cabello para enjugarlos. Nadie se movió. Jesús la miró con ojos llenos de compasión y amor. Se sintió conmovido por su quebrantamiento y su genuina humildad.

Sin embargo, los espectadores estaban disgustados y se preguntaban cómo *Él*, de todas las personas, podía permitir eso. En voz baja, uno de los hombres enojados dijo para sí: "Este, si fuera profeta, conocería quién y qué clase de mujer es la que le toca, que es pecadora" (Lucas 7:39).

Jesús, que conoce todas las cosas, levantó la vista y miró al hombre que pensó eso, y le dijo:

> ¿Ves esta mujer? Entré en tu casa, y no me diste agua para mis pies; mas ésta ha regado mis pies con lágrimas, y los ha enjugado con sus cabellos. No me diste beso; mas ésta, desde que entré, no ha cesado de besar mis pies. No ungiste mi cabeza con aceite; mas ésta ha ungido con perfume mis pies. Por lo cual te digo que sus muchos pecados le son perdonados, porque amó mucho; mas aquel a quien se le perdona poco, poco ama (Lucas 7:44-47).

Entonces Jesús miró a la mujer quebrantada, que lloraba a

sus pies, y le dijo con amor: "Tu fe te ha salvado, ve en paz" (Lucas 7:50).

Jesús es nuestro Salvador. Es nuestro Redentor. Ofrece gracia y perdón al pecador arrepentido. Ofrece misericordia a las personas sexualmente rotas. Muestra compasión por los despreciados. Ama lo que es difícil de amar y toca lo intocable. Perdona y limpia la vergüenza de nuestro pasado y nos da un futuro redimido. Cubre nuestro pecado con su propia justicia. Ninguna mujer está demasiado rota sexualmente o ha llegado demasiado lejos como para que el amor y el perdón de Jesús no puedan alcanzarla.

Encuentra la plenitud en Jesús

La historia de la prostituta es una de las ilustraciones más hermosas de la redención en la Biblia. Era una mujer rota y arrepentida que amaba a Jesús y encontró el perdón a los pies de su Salvador. Durante años había buscado amor y satisfacción en todos los sitios equivocados. Había tratado de llenar sus anhelos de intimidad a través de hombres que solo querían usarla. Estaba rota y herida. Estaba desesperada por un verdadero amor. Por una *vida* real.

En medio de su cansancio y su pecado, escuchó sobre un Salvador llamado Jesús que ofrecía esperanza a las personas quebrantadas. No era como ningún hombre del que hubiera oído hablar antes. Recibía a los pecadores. Mostraba compasión y amor por las mujeres. Perdonaba a las personas inmorales. Ofrecía algo llamado agua viva. Era exactamente lo que su alma anhelaba.

Todo en ella anhelaba conocer a Jesús. En el fondo de su corazón, anhelaba encontrarse con Él y hallar el perdón de su pasado y la libertad de su futuro.

Impulsada por su amor por el Salvador, emprendió la valiente misión de encontrarlo. Estaba dispuesta a soportar las críticas y el desprecio de los demás. Fue lo suficientemente valiente como para romper las barreras sociales. Decidió humillarse y hacer lo que fuera necesario para buscar a Jesús. En definitiva, había conocido los ídolos de la autocomplacencia y la egolatría, y decidió cambiarlos por una relación con el Salvador. Por primera vez en su vida, deseaba a Jesús por encima de todas las cosas.

La historia real de la mujer prostituta es un poderoso ejemplo de lo que es buscar apasionadamente el perdón, la restauración y la plenitud en Cristo. Esto es lo que Dios desea para cada una de nosotras: que lo amemos por encima de todas las cosas. Lucas 10:27 dice: "Amarás al Señor tu Dios con todo tu corazón, y con toda tu alma, y con todas tus fuerzas, y con toda tu mente". Igual que lo que quería para la mujer prostituta, Dios quiere que cada una de nosotras vayamos a Él humilladas y arrepentidas, con el deseo de estar unidas a Él por encima de todo. Él quiere que cambiemos los placeres baratos de este mundo por una relación con Él que satisfaga nuestra alma.

Así como Jesús amó y recibió a esta mujer sexualmente rota en el Nuevo Testamento, sigue recibiendo a las mujeres sexualmente rotas en la actualidad. Así como dio a la prostituta una nueva identidad y un nuevo futuro, hace lo mismo por nosotras hoy. Jesús recibe a las personas heridas. Invita a las cansadas. Toma lo que está roto y destrozado y lo vuelve a restaurar. Nuestro quebranto no nos hace inservibles para Dios; más bien, nos convertimos en una hermosa muestra de su asombrosa gracia.

Él transforma las cenizas en belleza

La Biblia está llena de hermosas historias de Dios que transforma a personas rotas en personas redimidas para su gloria. Presta atención a estas palabras de restauración llenas de esperanza que el profeta Isaías escribió a Israel:

> EL ESPÍRITU DEL SEÑOR SOBERANO ESTÁ SOBRE MÍ,
> PORQUE EL SEÑOR ME HA UNGIDO
> PARA LLEVAR BUENAS NOTICIAS A LOS POBRES.
> ME HA ENVIADO PARA CONSOLAR A LOS DE CORAZÓN
> QUEBRANTADO

Y A PROCLAMAR QUE LOS CAUTIVOS SERÁN LIBERADOS
Y QUE LOS PRISIONEROS SERÁN PUESTOS EN LIBERTAD.
ÉL ME HA ENVIADO PARA ANUNCIAR A LOS QUE SE LAMENTAN
QUE HA LLEGADO EL TIEMPO DEL FAVOR DEL SEÑOR
JUNTO CON EL DÍA DE LA IRA DE DIOS CONTRA SUS ENEMIGOS.
A TODOS LOS QUE SE LAMENTAN EN ISRAEL
LES DARÁ UNA CORONA DE BELLEZA EN LUGAR DE CENIZAS,
UNA GOZOSA BENDICIÓN EN LUGAR DE LUTO,
UNA FESTIVA ALABANZA EN LUGAR DE DESESPERACIÓN.
ELLOS, EN SU JUSTICIA, SERÁN COMO GRANDES ROBLES
QUE EL SEÑOR HA PLANTADO PARA SU PROPIA GLORIA
(ISAÍAS 61:1-3 NTV).

El Dios que restauraba a los suyos en ese entonces es el mismo Dios que restaura a los suyos hoy. En su gracia y amor, transforma nuestras cenizas en belleza para su gloria.

Cuando Dios mira a sus hijas redimidas hoy, no ve a las mujeres condenadas cubiertas de vergüenza, sino a mujeres perdonadas cubiertas por la justicia de Cristo (ver 2 Corintios 5:21). El amor de Dios por ti no está determinado por lo que tú haces, sino por lo que Él hace (ver Romanos 5:8). Eres digna porque el Salvador digno te adopta como su hija (ver Gálatas 4:4-7).

Eres digna porque el Salvador digno te adopta como su hija.

Eres hermosa porque has sido creada a la hermosa imagen del Creador (ver Génesis 1:27).

Así como la mujer prostituta amaba a Jesús por delante de todo y acudió a Él para buscar sanidad y perdón, hoy podemos hacer lo mismo. Jesús dijo: "Venid a mí todos los que estáis trabajados y cargados, y yo os haré descansar" (Mateo 11:28). Ven a Jesús. Él te dará descanso.

En la quietud de tu propio corazón, tómate un momento para buscar a tu Salvador en oración. Derrama tu corazón delante de Él sea lo que sea que necesites (es decir, acepta a Jesús como tu Salvador por primera vez, vuelve a entregar tu vida a Cristo, arrepiéntete y pídele perdón, alaba a Dios por su fidelidad hacia ti, etc.). Hemos escrito la siguiente oración para ayudarte a comenzar.

Querido Padre celestial:

Gracias por mostrarme tu amor y gracia incondicionales. Gracias por perdonar todos mis pecados pasados y lavarme con la sangre de tu Hijo. En ti tengo un nuevo futuro. En ti soy una joven redimida y sana. En ti soy una preciosa hija del Dios Altísimo. Ayúdame a caminar en mi nueva identidad. Ayúdame a entregarte toda mi vida y andar en el camino de la justicia y la santidad. Ayúdame a buscar un corazón de pureza y una vida de libertad sexual. Señor, anhelo adorarte por encima de todo. Profundiza mi amor por ti. Fortalece mi corazón para el viaje que tengo por delante. Solo tú eres digno de mi adoración. Que mi vida sea una ofrenda derramada en alabanza a ti. En todo lo que haga, ayúdame a vivir para tu gloria, y solo tu gloria. Te amo.

—Tu hija redimida,

____

Un hermoso futuro

Al comenzar un nuevo capítulo en tu viaje, oramos por ti, hermana. Apóyate en la gracia perdonadora y transformadora de Dios y acéptala. Cree en ella. Confía en ella. En todo lo que hagas, te pedimos que sigas el camino de la verdadera libertad sexual. Oramos para que tengas el valor de elegir el camino de la santidad, la pureza y la verdad. Oramos para que trates de amar al Señor con *todo* tu corazón, con *toda* tu alma, con *todas* tus fuerzas y con *toda* tu mente (ver Lucas 10:27).

Dios nos llama a perseverar con esperanza. Esforzarnos en depender humildemente de Él. Aunque nunca seremos perfectas de este lado del cielo, estamos llamadas a vivir como mujeres redimidas aquí en la tierra para ser un hermoso reflejo de Aquel que nos sana.

A pesar de lo difícil que puede ser esta vida a veces, vale la pena luchar. Todo lo que hacemos en esta tierra solo nos prepara para lo que está por venir: la eternidad con Jesús. Las metáforas espirituales de las que hemos estado hablando a lo largo de este libro son el reflejo de una realidad mucho mayor. Ya sea que se trate del pacto de amor, la intimidad sexual, el matrimonio o el género, cada una de estas magníficas figuras señala a Jesucristo. Un día, todos entraremos en la gloriosa perfección del cielo y experimentaremos la plenitud de *yadá* sin ningún obstáculo. Como una novia preparada para su novio, participaremos en la celebración de bodas más grande de todas: la cena de las bodas del Cordero (ver Apocalipsis 19:6-9). Abrazaremos con todas nuestras fuerzas al Salvador y encontraremos completa satisfacción en Él. Nos uniremos con Él en el pacto de amor más auténtico por toda la eternidad.

Eres una mujer redimida en Cristo, apartada para la gloria de Dios.

Sin embargo, hasta que ese glorioso día llegue, estamos llamadas a correr con paciencia y devoción *esta* carrera.

Independientemente de dónde hayas estado, lo que hayas hecho o lo que te hayan hecho, eres una mujer redimida por Cristo, apartada para la gloria de Dios, quien te ha colocado aquí en esta tierra para que seas un reflejo de su gracia transformadora. Que tu vida sea una luz que brille al exhibir la magnífica y redentora historia del Dios que te creó.

APÉNDICE

ENCUENTRA ESPERANZA Y SANIDAD DEL ABUSO SEXUAL

Si ahora estás leyendo este apéndice, tal vez sea porque tú o alguien que amas ha sido maltratada y abusada sexualmente. Estamos muy tristes por la realidad de que muchas de ustedes han tenido que transitar un camino tan doloroso. Según el Centro para la Justicia Familiar, aproximadamente una de cada cuatro mujeres ha sufrido abuso sexual en su vida.[1] Podrías estar leyendo esta sección con el corazón cargado, abrumado, enojado, frustrado, amargado, ansioso y roto. Depende de dónde te encuentres en tu viaje hacia la sanidad, es posible que además tengas muchas preguntas sin responder. Nos duele el corazón por ti. Lamentamos profundamente el mal que te han hecho y el dolor que has tenido que soportar.

Aunque no conocemos tu historia personal, sabemos que Dios sí. Él conoce cada detalle de tu vida y solo Él tiene la gracia transformadora y el poder transformador para tomar aquello que estaba destinado a hacer mal y transformarlo para bien (ver Génesis 50:20). La única esperanza a la que nos pode-

1. "Statistics", Center for Family Justice, consultado por última vez el 29 de noviembre de 2018, https://centerforfamilyjustice.org/community-education/statistics/.

mos aferrar, como mujeres, es la esperanza de la gracia de Dios y el milagroso poder sanador que Él puede concedernos a cada una de nosotras.

Dawn Wilson es una mujer que conoce el dolor y la pena del abuso. Es una sobreviviente de abuso sexual, y escribió un artículo sincero y crudo titulado: "Confiando en Dios para sanar las cicatrices del abuso sexual". Allí dice: "Si han abusado sexualmente de ti, puedes estar teniendo una o más de las siguientes reacciones. Te escondes o te mantienes a distancia extrema de las personas, por temor a que te hieran otra vez. Permaneces insensible hasta la edad adulta. Si estás casada, te resulta difícil responder sexualmente. Tienes miedo de la sumisión bíblica, temes perder el control.

Puedes sentirte menoscabada, te ves a ti misma como un objeto sexual, presumes de tu sexualidad y te rebajas a la promiscuidad y otros pecados sexuales. O, como yo, tratas de parecer 'buena' o dedicarte al ministerio. Es posible que no entiendas el poder del evangelio y, en cambio, te concentres en complacer a Dios para ganarte su favor. Puedes responder al abuso sufrido con ansiedad, depresión, autodesprecio, acciones autodestructivas, miedo a la intimidad, homosexualidad, indecisión, perfeccionismo, necesidad de control, trastornos alimentarios o adicciones. A Satanás no le importa cómo reaccionamos ante la pecaminosidad del abuso sexual... siempre y cuando no nos volvamos a Jesús. El enemigo sabe que cuando encontramos nuestra identidad, seguridad y dignidad en Cristo, podemos vivir en victoria.[2]

Dawn sigue contando cómo llegó a estar tan confundida en sus pensamientos y cómo fue liberada y sanada. Es el sorprendente ejemplo de una mujer que profundizó en la gracia amorosa de Dios y, finalmente, encontró una nueva identidad

2. Dawn Wilson, "Trusting God to Heal the Scars of Sexual Abuse", Revive our Hearts, 16 de febrero de 2017, https://www.reviveourhearts.com/true-woman/blog/sexual-abuse-trusting-god-with-my-past-hurts/. Artículo en español: https://www.avivanuestroscorazones.com/mujer-verdadera/blog/confiando-en-dios-para-sanar-las-cicatrices-del-ab/.

en Él. Dawn permitió que Dios obtuviera la victoria en su vida y ya no deja que el enemigo use su dolor contra ella. Ha sido liberada de la esclavitud de su pasado y está viviendo una vida abundante para Jesús.

La historia de redención y restauración de Dawn es lo que oramos por *ti*. Que le permitas a Dios obrar en tu vida y transformar tu dolor en sanidad y propósito para tu futuro.

Durante nuestra investigación para este apéndice, encontramos muchos *podcasts*, libros, blogs y artículos bíblicamente sólidos y útiles que abordan el tema del abuso sexual. El sitio web www.desiringgod.org contiene una gran cantidad de información útil sobre el tema del abuso (solo en inglés). La consejera Kathleen Shumate, autora invitada de *Desiring God*, escribió un artículo titulado: "God Can Overcome Any Abuse" ("Dios puede vencer cualquier abuso"). En el artículo, Shumate recuerda, a quienes sufrieron abuso, la realidad esperanzadora del evangelio: "No importa cuán profundo sea el pozo al que nos haya arrojado el abuso, Dios puede levantarnos y colocarnos en un lugar espacioso porque Él se agrada de nosotras".[3] Hace referencia al pasaje de Salmo 18:16-19:

> Envió desde lo alto; me tomó,
> Me sacó de las muchas aguas.
> Me libró de mi poderoso enemigo,
> Y de los que me aborrecían; pues eran más fuertes que yo.
> Me asaltaron en el día de mi quebranto,
> Mas Jehová fue mi apoyo.
> Me sacó a lugar espacioso;
> Me libró, porque se agradó de mí.

¡Qué hermoso recordatorio! El corazón de Dios hacia cada una de nosotras es redentor y salvador. En definitiva, por eso Él envió a Jesús a esta tierra a morir en la cruz. Jesús experimentó

3. Kathleen Shumate, "God Can Overcome Any Abuse", Desiring God, 27 de abril de 2017, https://www.desiringgod.org/articles/god-can-overcome-any-abuse.

el abuso y la muerte más injusta e inmerecida para que pudiéramos tener una relación con Él. Para que podamos ser libres. Él quiere redimir nuestro pasado y restaurar nuestro futuro. Aquellas de nosotras que hemos puesto nuestra fe en Jesús como nuestro Salvador tenemos esa esperanza suprema de restauración en los cielos (ver Juan 3:16), y es algo que nunca nos podrán quitar. Es una esperanza a la que podemos aferrarnos. Paul Maxwell dice: "El evangelio puede proporcionar los sentimientos imposibles de alegría, esperanza y amor a aquellos dispuestos a admitir valientemente la imposibilidad con fe".[4]

Hay un hombre en el Antiguo Testamento llamado José, cuya vida es un ejemplo y un estímulo para ayudarnos a adoptar valientemente una verdadera fe en Dios (ver Génesis 37; 39; 45). Si conoces la historia, recuerda que José sufrió abuso y maltrato en varias ocasiones. Sus hermanos abusaron de él y lo vendieron a traficantes de esclavos. La esposa de Potifar lo acusó falsamente de violación, por lo que lo encerraron en una mazmorra egipcia para que se pudriera allí. Era un hombre que entendió que, a pesar de todo el mal que le habían hecho, Dios podía usarlo para bien, y les dijo a sus hermanos: "Vosotros pensasteis mal contra mí, mas Dios lo encaminó a bien, para hacer lo que vemos hoy, para mantener en vida a mucho pueblo" (Génesis 50:20).

José es el increíble ejemplo de un sobreviviente de abuso que tenía una mentalidad que iba más allá de sus dolorosas circunstancias. Creía que Dios estaba haciendo algo más grande de lo que podía ver. Tenía fe y esperanza en que Dios podía redimir su futuro. Creía que Dios podía sacar vida y algo bueno de la oscuridad y el mal. José esperaba en Dios y sabía que su vida no estaba arruinada. Sabía que perdonar a quienes habían abusado de él le traería paz interior y libertad. Creía que Dios podía tomar cualquier mal que el hombre (incluso su propia familia) le hubiera hecho y convertirlo en algo bueno para su futuro.

---

4. Paul Maxwell, "Trauma Is Not a Life Sentence", Desiring God, 5 de enero de 2017, https://www.desiringgod.org/articles/trauma-is-not-a-life-sentence.

Nuestra oración es que comiences a ver un rayo de esperanza en tu futuro. Deseamos que tú, como José, creas que Dios puede usar tu pasado para algo bueno en tu futuro. El libro de Lamentaciones ofrece este poderoso pasaje para usar como una oración personal de esperanza:

> Y mi alma se alejó de la paz, me olvidé del bien,
> Y dije: Perecieron mis fuerzas, y mi esperanza en
> Jehová...
> Esto recapacitaré en mi corazón, por lo tanto esperaré.
> Por la misericordia de Jehová no hemos sido consumidos,
> porque nunca decayeron sus misericordias.
> Nuevas son cada mañana; grande es tu fidelidad.
> Mi porción es Jehová, dijo mi alma; por tanto, en él
> esperaré.
> Bueno es Jehová a los que en él esperan, al alma que le
> busca (Lamentaciones 3:17-18, 21-25).

Oramos para que te aferres a la verdad de la Palabra de Dios y creas que quien abusó de ti no tiene la última palabra en tu vida. Oramos para que comiences o continúes el proceso de creer que Dios puede transformar incluso los peores males en cosas buenas para su gloria. Oramos para que creas la verdad de que eres una mujer digna debido al valor que Cristo te ha otorgado, y que nada ni nadie puede quitarte ese valor.

Cinco pasos hacia la verdadera libertad y sanidad duradera

Esta lista de pasos hacia la verdadera libertad y la sanidad duradera está lejos de ser exhaustiva, pero es un comienzo.

1. Háblalo con una fuente confiable, recibe ayuda y mantente a salvo

Tu protección y seguridad deben estar en primer lugar en tus pensamientos y en tu lista de prioridades. Si actualmente te encuentras en una situación de inseguridad o peligro, necesitas ayuda. No guardes en secreto tu situación al pensar que se resolverá por sí sola. Depende de tu situación específica, es posible que necesites a alguien que te ayude a determinar si debes comunicarte con las autoridades, buscar una consejera o trasladarte a un hogar diferente. Por favor, háblalo y permite que una fuente confiable sepa lo que te está sucediendo. Busca a alguien que pueda ayudarte y guiarte en los próximos pasos.

Para aquellas de ustedes que han pasado años en una situación de abuso, te animamos a buscar ayuda. Si nunca has tomado medidas para recuperarte de esa situación, te recomendamos que busques ayuda tanto espiritual como profesional. Hablar con una mujer sabia y confiable de tu iglesia sería una excelente manera de comenzar.

2. Recuerda que nadie puede restarte valor

Nadie ni nada puede restarte valor. El Creador (Dios) es el que te aporta valor. Él te diseñó, y por eso define lo que te hace valiosa. En ninguna parte de las Escrituras verás a Dios aportar valor a alguien en función de quién es o qué le han hecho. Esa mentalidad no existe en las Escrituras. La verdad sobre lo que vales no se encuentra en lo que opinas de ti misma o lo que otros opinan de ti. La verdad sobre lo que vales se encuentra en la perfecta y eterna Palabra de Dios.

Los siguientes pasajes bíblicos describen quién eres y de dónde proviene tu valor. Si eres una cristiana nacida de nuevo, eres una hija amada de Dios. Eres suya. Él te adoptó en su familia y te dio un nuevo nombre: hija de Dios. Esa es tu verdadera identidad. Eres una creación maravillosa de tu Padre de amor. Nada que le hagan a tu cuerpo puede cambiar el hecho de que Dios dice que eres una obra maravillosa de sus manos. No dejes que nadie te diga lo contrario.

> Porque tú formaste mis entrañas;
> Tú me hiciste en el vientre de mi madre.
> Te alabaré; porque formidables, maravillosas son tus
> obras;

> Estoy maravillado,
> Y mi alma lo sabe muy bien.
> No fue encubierto de ti mi cuerpo,
> Bien que en oculto fui formado,
> Y entretejido en lo más profundo de la tierra.
> Mi embrión vieron tus ojos,
> Y en tu libro estaban escritas todas aquellas cosas
> Que fueron luego formadas,
> Sin faltar una de ellas (Salmo 139:13-16).

> Mas a todos los que le recibieron, a los que creen en su nombre, les dio potestad de ser hechos hijos de Dios (Juan 1:12).

> Bendito sea el Dios y Padre de nuestro Señor Jesucristo, que nos bendijo con toda bendición espiritual en los lugares celestiales en Cristo, según nos escogió en él antes de la fundación del mundo, para que fuésemos santos y sin mancha delante de él, en amor habiéndonos predestinado para ser adoptados hijos suyos por medio de Jesucristo, según el puro afecto de su voluntad, para alabanza de la gloria de su gracia, con la cual nos hizo aceptos en el Amado, en quien tenemos redención por su sangre, el perdón de pecados según las riquezas de su gracia, que hizo sobreabundar para con nosotros en toda sabiduría e inteligencia (Efesios 1:3-8).

3. Cree que aún tienes un futuro

Al enemigo le encantaría que pensaras que tu vida se acabó. Quiere que creas la mentira de que ya no sirves. Que no puedes hacer nada bueno y que Dios no puede usarte de ninguna manera. Esas son mentiras que provienen directamente del abismo del infierno. Dios se especializa en la redención y se deleita en usar a aquellas de nosotras que nos sentimos débiles para hacer cosas poderosas por su reino. Si Dios aún te da vida y aliento, es porque tiene un propósito para tu futuro. ¡Hay muchísimas historias a lo largo de la Biblia de personas que sufrieron de algún tipo de abuso o maltrato, a quienes Dios redimió y usó para lograr cosas increíbles! Piensa en José (de quien hablamos anteriormente), Ester, Moisés, Betsabé, Rahab y Rut. Cada una de estas personas experimentó circunstancias de vida difíciles y traumáticas. Sin embargo, Dios usó a cada una de ellas de manera increíble.

Piensa en las palabras que José dijo a sus hermanos y hazlas tuyas: "Vosotros pensasteis mal contra mí, mas Dios lo encaminó a bien, para hacer lo que vemos hoy, para mantener en vida a mucho pueblo" (Génesis 50:20). Dios usó el pasado roto de José para dar vida y esperanza a muchas, muchas personas en el futuro. Dios también quiere transformar tu pasado en una fuente de vida que brinde esperanza a los demás. Él quiere usar tu viaje como testimonio de su gracia transformadora y poder transformador.

Recuerda que Dios puede tomar lo que estaba destinado a hacerte mal y transformarlo para bien. Es una esperanza milagrosa a la que puedes aferrarte.

> Y sabemos que a los que aman a Dios, todas las cosas les ayudan a bien, esto es, a los que conforme a su propósito son llamados. Porque a los que antes conoció, también los predestinó para que fuesen hechos conformes a la imagen de su Hijo, para que él sea el primogénito entre muchos hermanos (Romanos 8:28-29).

4. Confía en que Dios es más grande que eso

Dios no está limitado en su poder para redimirnos. Él puede restaurarnos de las circunstancias más oscuras y los lugares más bajos. Confía en que Dios ve tus circunstancias y que le importa. Dios conoce el abuso que sufriste, pero no lo aprueba. Odia el abuso sexual. Odia todo mal, y ejecutará justicia sobre los que hacen el mal (ver Romanos 12:19).

Dios envió a Jesús a morir para que algún día seamos restauradas para siempre con Él en gloria. Confía en que Dios es más grande que el abuso en tu vida. Confía en que Él puede hacer una obra poderosa en tu corazón y darte una paz que sobrepasa todo entendimiento.

La Biblia declara que hay plenitud de gozo en la presencia de Dios y que Él nos ha dado todo lo que necesitamos para la vida y la piedad (ver Salmo 16). En su presencia, puedes encontrar paz y descanso. Aprender a confiar totalmente en Él es lo mejor que puedes hacer por tu alma y tu corazón.

> Me mostrarás la senda de la vida;
> En tu presencia hay plenitud de gozo;
> Delicias a tu diestra para siempre (Salmo 16:11).
>
> Fíate de Jehová de todo tu corazón,
> Y no te apoyes en tu propia prudencia.
> Reconócelo en todos tus caminos,
> Y él enderezará tus veredas (Proverbios 3:5-6).

> Como todas las cosas que pertenecen a la vida y a la piedad nos han sido dadas por su divino poder, mediante el conocimiento de aquel que nos llamó por su gloria y excelencia (2 Pedro 1:3).

5. Rodéate de personas cristianas genuinas y amorosas

Permitir que otras personas entren a lugares vulnerables de tu vida puede ser difícil. Puede ser complicado saber en quién confiar y a quién abrirse, pero no dejes que estas cosas te impidan tener una comunión auténtica. Necesitas personas cristianas genuinas y amorosas que te apoyen durante este tiempo. Comienza por buscar una mujer cristiana genuina y mayor que pueda ser tu amiga y mentora. Permítele entrar en los lugares más profundos de tu vida, y comienza a desarrollar una amistad con ella. Sé franca y sincera. Dale la oportunidad de animarte. Cuando estés luchando o cayendo en la desesperación, pídele que ore por ti. No intentes sanar por tu cuenta.

> Y considerémonos unos a otros para estimularnos al amor y a las buenas obras; no dejando de congregarnos, como algunos tienen por costumbre, sino exhortándonos; y tanto más, cuanto veis que aquel día se acerca (Hebreos 10:24-25).

> Vestíos, pues, como escogidos de Dios, santos y amados, de entrañable misericordia, de benignidad, de humildad, de mansedumbre, de paciencia; soportándoos unos a otros, y perdonándoos unos a otros si alguno tuviere queja contra otro. De la manera que Cristo os perdonó, así también hacedlo vosotros. Y sobre todas estas cosas vestíos de amor, que es el vínculo perfecto (Colosenses 3:12-14).

El abuso no tiene la última palabra

Recuerda que el abuso no tiene la última palabra en tu vida. La desesperanza no es tu destino. Dios puede restaurar, redimir y transformar tus cenizas en belleza. Oramos para que Dios te conceda su verdadera paz que sobrepasa todo entendimiento. Oramos para que Dios haga una poderosa obra de sanidad en tu corazón y te ayude a declarar tu verdadera identidad como su amada hija.

Como mencionamos anteriormente, hay mucha información sobre este tema, pero solo hemos tratado lo más básico. Te animamos a considerar los siguientes recursos y reservar un tiempo para leerlos. Llenar tu mente y tu corazón con la verdad bíblica es crucial para avanzar hacia una verdadera sanidad y un cambio duradero.

LIBROS RECOMENDADOS (solo disponibles en inglés)

Pamela Gannon y Beverly Moore, *In the Aftermath: Past the Pain of Childhood Sexual Abuse* (Bemidji, MN: Focus, 2017).

Justin Holcomb y Lindsey Holcomb, *Rid of My Disgrace: Hope and Healing for Victims of Sexual Assault* (Wheaton: Crossway, 2001).

Robert W. Kellemen, *Sexual Abuse: Beauty for Ashes* (Gospel for Real Life) (Philipsburg, NJ: P&R, 2013).

David Powlison, *Making All Things New: Restoring Joy to the Sexually Broken* (Wheaton: Crossway, 2017).

SITIOS WEB RECOMENDADOS

www.biblicalcounseling.org (solo en inglés)
https://www.avivanuestroscorazones.com/search/?q=abuso+sexual

GUÍA DE ESTUDIO

Capítulo 1: TODAS SOMOS MUJERES SEXUALMENTE ROTAS

"Independientemente de nuestro trasfondo, educación, raza o edad, estar sexualmente rotas es algo que todas enfrentamos".

1. ¿De qué manera te has dejado "discipular" por la opinión del mundo sobre la sexualidad?
2. ¿Qué ha influido más, de manera negativa o positiva, en tu perspectiva actual sobre la sexualidad?
3. ¿De qué manera te has sentido sola en tus luchas con el pecado sexual?
4. Lee Isaías 61:3. ¿Qué quiere hacer Dios en tu mente y tu corazón?
5. ¿Qué es lo que más esperas al leer este libro?

Capítulo 2: LUJURIA: UN PROBLEMA DE MUJERES TAMBIÉN

"A pesar del hecho de que muchas de nosotras pensamos que somos las únicas que luchamos con la lujuria, no es así".

1. ¿Sientes que tu diseño sexual se parece más a una maldición o a una bendición? ¿Por qué?

2. ¿De qué manera has visto que la lujuria se presenta más a menudo como un problema de hombres?
3. ¿Cuál de las diferencias entre hombres y mujeres ha sido más reveladora para ti?
4. Lee Génesis 1:27. ¿Qué te enseña este versículo sobre la sexualidad?
5. John Piper describe la lujuria como la ausencia de honor hacia la otra persona y santidad hacia Dios. ¿Cómo se aplica esta descripción de la lujuria a hombres y mujeres?
6. Para cambiar el argumento sobre la lujuria, debemos ser sinceras con nosotras mismas y con los demás. Necesitamos comenzar a hablar sobre nuestras luchas, y abrirnos con otras mujeres. Tómate un momento ahora mismo para ser sincera. ¿Con qué pecados de lujuria has luchado y necesitas sacar a la luz?

Capítulo 3: CUANDO TODO LO BUENO SE DISTORSIONÓ

"La sexualidad ha sido tan cercenada, deformada y alterada, que se ve muy diferente al diseño original de Dios".

1. La forma en que abordamos nuestra sexualidad hoy es similar a la de alguien que intenta armar un rompecabezas sumamente complejo sin la foto de la caja como guía. ¿A qué fuente recurres más a menudo para obtener ayuda a la hora de responder preguntas sobre la sexualidad?
2. ¿Cuál es la diferencia entre el instinto sexual y la intimidad sexual?
3. ¿Cómo debería influenciar nuestra perspectiva de la sexualidad el diseño intencional de Dios para el hombre y la mujer en Génesis?
4. Lee Génesis 2:25. ¿Por qué Adán y Eva estaban desnudos y no se avergonzaban?

5. Nuestros ojos desvían su mirada y nuestros corazones dudan, tal como lo hizo Eva. ¿De qué manera te cuesta confiar en la verdad de Dios sobre la sexualidad?
6. ¿De qué manera ves que el pecado afecta la sexualidad en la sociedad moderna?

Capítulo 4: CUATRO MENTIRAS CULTURALES SOBRE NUESTRO DISEÑO SEXUAL

"Cuando decidimos aceptar cualquier cosa menos el diseño bueno y original de Dios para nuestra sexualidad, estamos siendo el reflejo equivocado, no el que Dios destinó que fuéramos".

1. ¿De qué manera ves a la sociedad abaratar y devaluar la intimidad sexual?
2. Desde una perspectiva bíblica, ¿por qué el relativismo moral de nuestra sociedad no sería un signo de avance sino de necedad y orgullo?
3. Pensando en las cuatro mentiras de nuestro diseño sexual, ¿de qué manera te han influenciado para aceptar la mentira #1 (La identidad sexual está determinada por los deseos personales)?
4. El contraste entre la definición de *matrimonio* del diccionario *Merriam-Webster* de 1828 y la definición moderna es sorprendente. ¿Qué te llamó la atención al comparar una definición con la otra?
5. El consejo que la revista *Teen Vogue* está dando a las jóvenes con respecto al sexo es "Si te hace sentir bien, hazlo". Aunque este consejo parece convincente, ¿de qué manera menoscaba el diseño de Dios para el sexo?
6. ¿En qué ves que se caracteriza a la feminidad moderna de manera irresistible y seductora?

Capítulo 5: EL HÉROE QUE TODA MUJER NECESITA

"Jesús es el verdadero héroe que todas necesitamos con desesperación".

1. ¿De qué manera te has identificado con historias sobre un héroe que rescata a alguien que está en dificultades?
2. Lee Génesis 3:21. ¿Por qué las hojas de higuera no fueron suficientes para cubrir a Adán y Eva?
3. Lee Juan 3:16. Según este versículo, ¿cómo actúa Jesús como tu héroe?
4. ¿De qué maneras has fingido ser suficiente ante Dios?
5. Gálatas 2:20 dice: "Con Cristo estoy juntamente crucificado, y ya no vivo yo, mas vive Cristo en mí; y lo que ahora vivo en la carne, lo vivo en la fe del Hijo de Dios, el cual me amó y se entregó a sí mismo por mí". ¿Cómo se aplica este versículo a tu vida?
6. ¿De qué manera te alienta la historia de lucha y victoria de Kathy?
7. ¿Con qué estás luchando internamente que necesitas presentar a Dios en oración?

Capítulo 6: CUATRO VERDADES BÍBLICAS SOBRE NUESTRO DISEÑO SEXUAL

"En un mundo lleno de mensajes confusos y definiciones en constante evolución..., la Palabra de Dios no cambia. El diseño para nuestra identidad sexual, que Dios estableció al principio de la creación, jamás ha cambiado".

1. Lo que crees sobre la Palabra de Dios afectará directamente tu perspectiva sobre la sexualidad. En este

momento, ¿qué tipo de joven te gusta más: la joven refutadora, la joven selectiva o la joven aceptadora?

2. Lee Juan 8:32 en voz alta. ¿Qué crees que significa que la verdad de Dios nos hace libres?
3. Pensando en las cuatro verdades de nuestro diseño sexual, ¿qué te llamó más la atención sobre el testimonio de Jackie Hill Perry en la verdad #1 (La identidad sexual es una realidad asignada por Dios)?
4. Lee Efesios 5:22-24. En la verdad #2 (El matrimonio es un pacto entre un hombre y una mujer) hablamos sobre el hecho de que el principal propósito de Dios al crear el matrimonio fue mostrar al mundo una representación terrenal de cómo es la relación del pacto de Cristo con su Iglesia. ¿Cómo debería esta realidad bíblica conformar tu perspectiva del matrimonio?
5. En la verdad #3 (El sexo se creó para la intimidad dentro del matrimonio) hablamos sobre cómo Dios creó nuestros deseos sexuales para llevarnos a una relación íntima con Él. ¿Qué te pareció más revelador sobre esta verdad bíblica?
6. Lee Proverbios 9:1-18. En la verdad #4 (La feminidad es una muestra del diseño de Dios para la mujer) examinamos la imagen de "sabiduría" e "insensatez" mostrada a través de la narrativa de dos mujeres. ¿Qué cambios necesitas hacer en tu vida para reflejar la sabiduría de una mujer?
7. De las cuatro verdades mencionadas en este capítulo, ¿cuál es la que más necesitas que Dios te ayude a aceptar de todo corazón?

Capítulo 7: MUJER, FUISTE HECHA PARA LA INTIMIDAD

"Fuimos hechas para yadá. Fuimos creadas para una profunda intimidad con Jesús. Cuando nuestro corazón tiene una relación con Jesús que nos llena el alma, tenemos todo lo que necesitamos para crecer".

1. ¿De qué manera has experimentado una ausencia de *yadá* en tus relaciones (tanto amorosas como no amorosas)?
2. Como vimos en este capítulo, la palabra *yadá* se usa 940 veces en el Antiguo Testamento, y en hebreo significa literalmente "conocer de manera profunda o íntima". ¿Qué significa para ti conocer (*yadá*) a Dios de esta manera?
3. Lee Salmo 139:1, 13, 14. Cada vez que se usa la palabra *conocer/saber*, di la palabra *yadá* en voz alta. ¿Cómo cambia esto tu comprensión de tales versículos?
4. ¿De qué manera expande tu visión de la intimidad sexual la palabra *yadá*?
5. Mujer soltera: ¿Por qué una relación auténtica con Jesús es lo más importante que puedes buscar?
6. Mujer casada: ¿De qué manera ves que el aspecto relacional y emocional de *yadá* afecta el estado de tu relación sexual dentro del matrimonio?

Capítulo 8: PUREZA IMPERFECTA

"[La pureza sexual] se trata principalmente de aceptar tu identidad como hija de Dios y esforzarte cada día en ser más como Él".

1. Cuando escuchas la palabra *pureza*, ¿qué es lo primero que te viene a la mente?
2. ¿Por qué es importante tener una comprensión bíblica del diseño de Dios para la pureza?

3. Según el argumento equivocado #1 (El sexo es algo malo y espantoso), ¿por qué se presenta al sexo como algo malo y espantoso?
4. ¿Por qué el argumento equivocado #2 (Tu valor está basado en tu nivel de pureza) es un mensaje contrario al evangelio?
5. Lee Romanos 5:8. ¿Cómo cambia este versículo tu perspectiva de la pureza?
6. El argumento equivocado #3 sostiene que la pureza es solo para personas solteras. Explica por qué no es cierto.
7. El argumento bíblico sobre la pureza sostiene que un corazón que desea honrar a Dios debe ser la base de la pureza. ¿De qué manera necesitas cambiar tu perspectiva sobre la pureza para que concuerde con la perspectiva bíblica?

Capítulo 9: LA BATALLA CONTRA LA TENTACIÓN

"La tentación aleja nuestro corazón y nuestra mente para que dejemos de glorificar a Dios y satisfagamos nuestros propios deseos pecaminosos. Nos anima a cuestionar la autoridad de Dios y considerar la posibilidad de un camino mejor".

1. Pensando en tu propia vida, ¿cuándo fue la última vez que enfrentaste una tentación sexual?
2. En tus propias palabras, describe lo que significa para ti esta afirmación: "Estar prevenidos frente a la estrategia de Satanás es prepararnos de antemano".
3. Pensando en los seis conceptos bíblicos sobre la tentación (ver las páginas 119-120), ¿cuál te resultó más revelador o útil?
4. Lee Santiago 1:13-16. Describe un momento de tu vida cuando, conforme al patrón de la tentación, escuchaste,

consideraste y luego aceptaste la atractiva oferta del pecado.

5. Pensando en el increíble ejemplo de José al huir de la tentación (ver Génesis 39:1-23), ¿cómo te alienta la historia de su victoria en tu lucha contra la tentación?
6. Ahora que conoces el proceso de tres pasos de la tentación, ¿cómo puedes aplicarlos prácticamente en tu vida diaria?

Capítulo 10: LA LUCHA SECRETA DE LA MENTE

"Tu objetivo no es solo alcanzar un estado de pureza, sino también enfatizar en toda tu vida, interna y externa, el primero y más grande mandamiento de la Biblia... Amarás al Señor tu Dios con todo tu corazón, y con toda tu alma, y con toda tu mente".

1. Describe un momento de tu vida cuando parecías "pura" por fuera, pero por dentro luchabas en secreto con el pecado de lujuria.
2. La lucha secreta de la mente es algo que todas enfrentamos. Según el examen sincero sobre tu lucha secreta (ver la página 133), ¿en qué áreas estás luchando más en este momento?
3. Lee Salmo 139:2-4. ¿Qué te enseñan estos versículos acerca de Dios y su comprensión de tus luchas internas secretas?
4. ¿De qué manera tu entendimiento de la mente, los sentimientos y la voluntad (consulta las páginas 134-135) te ayudan a combatir mejor tu lujuria interna?
5. Piensa en las cinco estrategias que te ayudarán a combatir tu lucha interna (depurar, estudiar, memorizar, elaborar una estrategia y orar). ¿Cuál de estas cinco estrategias

te llamó más la atención y cómo puedes comenzar a ponerla en práctica hoy?

Capítulo 11: HABLEMOS SIN RODEOS: PORNOGRAFÍA, MATERIAL ERÓTICO Y MASTURBACIÓN

"Ya sea que estés luchando con la masturbación, la pornografía, el material erótico u otra cosa, puedes encontrar libertad duradera en Cristo".

1. ¿Qué luchas sexuales has enfrentado (ahora o en el pasado) que parecían demasiado grandes para vencer?
2. Servimos a un Dios poderoso, y ningún pecado es demasiado grande para que la cruz de nuestro Salvador triunfe sobre él. ¿De qué manera te animó la historia de lucha y victoria de Kristen en tu propia lucha?
3. Al mirar las cuatro razones por las cuales la pornografía es una versión falsa de la verdadera intimidad, ¿cuál es la que más te llamó la atención y por qué?

   - La pornografía es una burla al amor de pacto.
   - La pornografía degrada la imagen de Dios en sus portadores.
   - La pornografía pervierte nuestros anhelos y deseos.
   - La pornografía es una forma de adoración falsa.

4. Tómate un momento para leer cada uno de los siguientes pasajes bíblicos: Salmo 51:10; 1 Corintios 6:18; y 1 Tesalonicenses 4:3-5. A la luz de la verdad de Dios, ¿por qué el material erótico es una elección vana e insensata para las mujeres cristianas?
5. Al observar las tres razones por las cuales la masturbación es una versión falsa de la verdadera intimidad, ¿cuál es la que más te llamó la atención y por qué?

- La masturbación promueve el aislamiento y el egoísmo.
- La masturbación a menudo se alimenta de la lujuria.
- La masturbación no glorifica a Dios.

6. No importa cuán intensos y fuertes sean a veces tus deseos y apetitos sexuales, debes creer que la gracia de Dios es suficiente para ayudarte ¿Cómo puedes aplicar Gálatas 5:16 ("Digo, pues: Andad en el Espíritu, y no satisfagáis los deseos de la carne") a tu vida en este momento?
7. Tu viaje hacia la libertad sexual puede comenzar hoy. ¿Cuál de los siguientes cuatro pasos hacia la libertad necesitas dar humildemente hoy?

- Ten un arrepentimiento genuino.
- Saca los pecados secretos a la luz.
- Busca un discipulado constante con una mujer piadosa.
- Haz cambios radicales.

Capítulo 12: RESPUESTAS A PREGUNTAS QUE TE HACES EN SECRETO

"Busca con denuedo la verdad. Continúa pensando con profundidad y buscando respuestas bíblicas a cada pregunta que no te animas a hacer".

1. Si pudieras agregar alguna pregunta que te haces en secreto a este capítulo, ¿qué pregunta agregarías?
2. Cuando se trata de las preguntas que te haces en secreto, ¿a dónde sueles recurrir para obtener respuestas?
3. ¿Por qué crees que es importante encontrar respuestas bíblicamente fundamentadas para nuestras preguntas secretas?

4. Lee 2 Timoteo 3:16-17. ¿Qué nos enseñan estos versículos sobre la búsqueda de la verdad?
5. Tómate un tiempo para pensar en una mujer piadosa conforme a Tito 2 en tu vida. ¿Qué pasos podrías tomar para comunicarte con ella y hacerle preguntas?

Capítulo 13: LIBERTAD SEXUAL DURADERA

"Dios nos llama a vivir una nueva vida en Cristo. Una vida libre de las garras del pecado sexual".

1. ¿De qué manera has estado en un ciclo de tentación y fracaso?
2. ¿Por qué "esforzarse más" no es la solución para un cambio continuo y duradero?
3. Lee 1 Juan 1:9. Según este versículo, ¿qué promete Dios hacer por ti?
4. ¿Qué relación tiene la ilustración sobre la ropa (ver páginas 185-186) con el crecimiento y el cambio espiritual?
5. Lee Efesios 4:20-24. Describe los tres pasos mencionados en este pasaje. ¿Cómo deberían esos pasos cambiar tu forma de abordar el crecimiento espiritual?
6. ¿De qué manera la vida cristiana es como correr una maratón?

Capítulo 14: ¡SATISFECHA, AL FIN!

"Encontrar satisfacción en Cristo debe ser nuestra búsqueda principal. Si queremos experimentar los verdaderos placeres que Cristo puede ofrecernos, tenemos que ir a Él".

1. Piensa en una persona a la que realmente amas (por ejemplo, tu cónyuge, hermano, amigo, padre, etc.). ¿Qué haces para fomentar y apreciar esa relación?

2. Con esa persona en mente, ¿cómo sería si atesoraras y valoraras tu relación con Cristo de la misma manera?
3. ¿De qué manera has buscado el "tesoro terrenal" solo para terminar insatisfecha y vacía?
4. Lee Salmo 16:11. ¿Cómo debería cambiar este versículo la forma en que buscas placer y satisfacción personal?
5. De las tres ideas ofrecidas para apreciar a Cristo (adorarlo con cánticos, declarar las Escrituras en oración, llevar un diario personal de oración), ¿con cuál te identificaste más?
6. Si pudieras agregar una idea adicional para apreciar a Cristo, ¿cuál sería?

Capítulo 15: SEXUALIDAD REDIMIDA

"*Independientemente de dónde hayas estado, lo que hayas hecho o lo que te hayan hecho, eres una mujer redimida en Cristo, apartada para la gloria de Dios*".

1. Explica por qué tus experiencias sexuales (ya sean buenas o malas) no te definen.
2. Lee Mateo 11:28. ¿Qué dice Dios que dará a los que vienen a Él?
3. ¿Qué te enseña la contundente historia de la prostituta (ver páginas 205-207) acerca de Jesús?
4. ¿De qué manera has visto a Dios transformar tus cenizas en belleza para su gloria?
5. Al comenzar un nuevo capítulo en tu viaje, ¿qué oraciones específicas estás presentando a Dios?

RECONOCIMIENTOS

Escribir un libro sobre el diseño de Dios para la sexualidad no fue exactamente nuestro sueño de toda la vida... pero cuando vimos los cientos de correos electrónicos que inundaban nuestra bandeja de entrada de la hermandad de GirlDefined, que nos hacían preguntas difíciles sobre la sexualidad, se encendió un fuego en nuestros corazones. Cuando Baker Books nos ofreció un tercer contrato, sabíamos exactamente de qué debía tratarse el libro: sexo, pureza y los deseos del corazón de una joven. Aunque este libro ha sido, con diferencia, el más difícil y laborioso de todos, valió la pena. El diseño de Dios para la sexualidad es contundente, hermoso e increíblemente liberador. Así como hemos visto la verdad de Dios transformar nuestra propia debilidad en belleza para su gloria, oramos para que este libro produzca la misma transformación en todas y cada una de las mujeres que lo lean.

Como siempre, este libro no sería lo que es sin la ayuda, el amor y el apoyo de nuestra increíble familia, amigos y equipo.

Dios... Gracias ante todo por darnos la oportunidad de escribir este libro y proclamar tu bondad. Gracias por crearnos intencionalmente como seres sexuales con el fin de llevarnos a una relación íntima y satisfactoria contigo.

Papá y mamá... nuestros seguidores de toda la vida y mayores admiradores. ¡Gracias por estar ahí para nosotras, una vez más! Parece que nunca se cansan de animarnos, y estamos agradecidas por eso. ¡Los amamos!

Zack... nuestro hombre versátil, experto en tecnología que siempre nos motiva. Gracias por animarnos en esas tantas noches en las que nos sentábamos a la mesa de la cocina, desplomadas, tratando de terminar "un capítulo más". Eres el mejor.

Dāv... nadie te gana en energía y entusiasmo. Tus canciones espontáneas, gestos de aliento improvisados y movimientos de baile épicos nos hicieron sonreír y nos llenaron de energía durante todo el proceso de escritura de este libro. ¡Bienvenido a la familia!

Nuestros maravillosos hermanos... nos ayudaron a seguir adelante cuando nos sorprendían con una taza de café, galletas recién horneadas y recordatorios constantes de que podíamos hacerlo.

Familia Mershon... Sus constantes oraciones y palabras de aliento no tienen precio. Nos encantaron las visitas sorpresa y los tiernos abrazos con Hadley, Willa y Ellis. ¡Son una bendición como tías!

Toda la familia Clark... gracias por estar siempre a nuestro lado durante cada proyecto de escritura de libros. Sus oraciones, palabras de aliento e interés general en nuestros libros siempre nos dan el impulso que necesitamos.

La familia Beal... gracias por su apoyo y aliento durante las visitas de Bethany a Idaho en medio de un tiempo de intenso trabajo para cumplir con la fecha de entrega del libro. Son los más tiernos.

Equipo de oración de GirlDefined... sus oraciones tuvieron respuesta, y este libro es la prueba. Apreciamos a cada uno de ustedes.

Los ancianos de Crossway Bible Church... Gracias por tomarse el tiempo de revisar un ejemplar anticipado de este manuscrito. Su sabiduría piadosa y su visión bíblica han sido invaluables.

Nicci Jordan Hubert... Son un equipo de editores increbles. Gracias por quedarse con nosotras y dedicar su tiempo y energía en este libro. Sus ideas fueron revolucionarias. Este libro es más sagaz, sólido y lleno de gracia debido a ustedes.

Rebekah Guzman… nuevamente, gracias por creer en nosotras y darnos la oportunidad de escribir otro libro. ¡Nunca te lo podremos agradecer lo suficiente!

Baker Books… Su equipo es increíble. Realmente nos ha encantado trabajar con cada persona de Baker. Gracias por trabajar con nosotras en la publicación de un tercer libro.

Amigas que nos apoyaron en el camino… gracias por seguir con nosotras a lo largo de otro libro más. Ahora que lo terminamos, al fin podemos desayunar juntas y tomar una deliciosa taza de café.

Kristen Clark está casada con su mejor amigo y por siempre amado, Zack. Es la cofundadora de GirlDefined Ministries y coautora de *Una chica definida por Dios* y *El amor definido por Dios*. Le apasiona promover el mensaje de la feminidad bíblica a través de blogs, conferencias, orientación a mujeres jóvenes y organización de estudios bíblicos en la sala de su casa. A fin de cuentas, es solo una muchacha de Texas que ama la diversión, todas las actividades al aire libre y comer chocolate negro siempre que sea posible.

Bethany Beal está casada con su hombre favorito en el mundo, Dāv. Es la cofundadora de GirlDefined Ministries y coautora de *Una chica definida por Dios* y *El amor definido por Dios*. Le apasiona difundir la verdad de la feminidad bíblica a través de blogs, conferencias y orientación a mujeres jóvenes. Para su familia y amigos cercanos, ella es simplemente una muchacha alta y rubia a la que le gusta organizar noches de juegos de mesa, le encantan los batidos de fruta y nunca se cansa de su perrito peludo.